女子のコミュ力

小田桐あさぎ

すばる舎

はじめに——全ての願いはコミュ力で叶う

はじめまして、小田桐あさぎです。

全ての願いはコミュニケーション力で叶うと聞いて、「本当に？」と思ってる人もいるかもしれません。

でも、私の**パートナーシップやチームワーク、そしてビジネスは、コミュ力の向上と共に、爆上がりしていきました**。

そして、試行錯誤しながら身につけてきたコミュ力を多くの女性に伝えた結果、彼女たちも**恋愛・結婚・子育て・キャリア・副業・起業など、全てが好転**。

かつての私のコミュ力は地の底くらい低かったので、わかります。

コミュ力は、生まれ持った才能でもスキルでもありません。

対人関係のメソッドでもありません。

コミュニケーションの根源は〝自分はどうしたいか〟という問い。
そして、その**自分の気持ちに正直に生きる**というシンプルなことだったのです。

こんな悩みを持つ人の人生も、きっと変わります。

- 職場やママ友とは問題ないのに、夫や子どもに悩みが尽きない
- いつも「大丈夫ですよ〜」とニコニコ対応している
- 波風立てず穏便にいきたいのにトラブルが起きる
- 希望を伝えるとたいてい、心配・反対・否定される
- 彼氏や信頼した人に裏切られたことがある
- 言いたかったのに言えなかったことがよくある
- 人当たりよくしているのに、雑な扱われ方・モラハラ・DVが続く
- 今の仕事を辞めて好きなことで活動したい
- 子育て中でも一人で出かけたり、旅行したい
- 家族がやりたいことは全力で叶えてあげたい

私がコミュ力を学んだのは、前職での社長との衝撃的な出会いからでした。当時すでに私は転職5回以上。どれだけ努力しても月給20万円に届かず、婚活もうまくいかず、人並みの幸せを手にすることができないと自暴自棄になっていた時期でした。そんな私に、社長はどんなときでも対等に接してくれただけでなく、日々「あなたはどうしたいの？」と問い続けてくれました。

このときから素直に自問を続けた結果、男女問わずモテはじめ、理想の男性と2週間で結婚。年収は500万円台まで上がりました。そして、育休中に起業して9年で、年商14億円、講座生4400人以上。想像もしていなかった世界で、2人の娘を育てながら毎日が楽しく、刺激のある人たちと出会えています。これも全てコミュ力を高めて叶えた結果です。

私は、自分に素直であり続けて本当によかったと思っています。

コミュ力には、小手先のテクニックなんて必要ありません。

大切なのは「自分がどうしたいか」、このシンプルで素直な気持ちだけ。

今の私もこれを大切にしています。

まずは、あなた自身が素直に自分自身とコミュニケーションをとること。

次に、目の前にいる一人とコミュニケーションがとれたら、あなたの人生はレベルアップ。そして、やりたいことが叶う一歩を踏み出すことができます。

その第一歩をこの本でぜひ体験してください。

２０２４年10月

小田桐あさぎ

あなたの人間関係はこう変わる

コミュ力が変わると、あなたの悩みはほとんど解決します。

❶恋愛&結婚⬇溺愛されながら、好きなことをして応援される
❷子育て⬇イライラせず口うるさく言わなくてもよくなる。可愛く思える
❸仕事⬇「できる人」として信頼され、収入が上がる
❹マウント女子⬇好き勝手しても憎まれず好かれる
❺目上の人や偉い人⬇可愛がられ、特別視される

「全ての悩みは対人関係の悩みである」

この考え方は、心理学の三大巨頭の一人、アルフレッド・アドラーが提唱したものですが、私もそう思います。私たちを本当に悩ませているのは、お

金でも時間でもなく、過去のトラウマでもなく、人間関係だと。
その人間関係の問題は、コミュ力で解決できるのです。

私自身、底辺のコミュ力だった27歳以降、自分に素直になり、気持ちを正直に伝えるようになったら、多くの場で人間関係の悩みがなくなり、それどころか想像を超えるほど人生が好転したのです。

私だから成しえたのではありません。誰でも素直に生きると、

❶気持ちにフタをせず我慢しないでいられます。
❷相手に自分の気持ちが伝わり、関係が良好に。
❸気づいたら自分がやりたいと思っていたことが達成できているのです。

具体的なことを、これから本書でお伝えしていきましょう。

目次

第2章

我慢と犠牲は、やめたほうがうまくいく

第3章
願いを叶えるコミュ力 6つのレッスン

第4章

嫌な人が勝手にいなくなる極意

第5章

ケース別のお悩み解決策

装丁　　　加藤愛子（オフィスキントン）
カバー画　星野ちいこ
編集　　　大石聡子
編集協力　竹内葉子

第1章

なぜ私たちの人間関係はこじれるの？

恋愛・結婚・子育て・仕事で悩みだらけの私たち

コミュニケーションは頑張るもの？

私もそうでしたが、日本の女性はパートナーや会社の同僚などに言いたいことが言えず、我慢している人が本当に多いですよね。

私も「**自分さえ我慢すれば、まあうまくいくんじゃないか**、だからコミュニケーションは頑張っておこなうもの」だと思い込んでいました。

今そのことで疲れ果てて、悩んで、苦しんでいる女性にまず伝えたいです。

- コミュニケーションは大切な人とするものです
- 苦手な人とは距離を置きましょう

でも急には難しいですよね。私たち女性がどうしてこんなにも人間関係に悩まされるのか。これから、それを紐といていきたいと思います。

私は今、スーツケース1つで世界中を飛び回る生活を送っています。そして帰国するたびに思います。**日本の女性は本当に疲れているし、モヤモヤ・イライラしているのがデフォルトだ**、と。

もう、まとっている空気がモヤモヤ・イライラで霞んで見えるレベルです。

私も以前は同じだったからこそわかります。
ただ、多くの女性は、その自覚すら持っていません。
私はまずそこに気づいてほしいと思っています。

モヤモヤ・イライラが絶えない原因

その原因は私たち自身にありました。
社会や教育のせいもありますが、最終的なポイントは「**本音を言っていないから**」

このひとことに尽きます。

みなさんは自覚したことがありますか？


本音って？と思う方もいるかもしれませんが、

「こんなこと言ったら相手は傷つくんじゃないか」

「だから空気を読まなきゃ」

など、余計なことを心配して、思ったことを素直に言えず、我慢を溜め込んでいる場合、本音からほど遠い世界にいますよね。


本音をわかっていない上に、素直さをはき違えて**「相手の言うことを聞くこと」だと勘違い**している人が多すぎます。

それは、つまり**「自分は相手より下の立場」と認めている**ことになるんです。

それは大きな問題ですよね。


職場や友人に限らず、もっと身近な夫婦や親子であっても同じです。

誰に対しても、言いたいことを言えている人はほとんどいません。

危険とすら感じるのは、それに気がついていないということ。

もともと私も、幼少期からずっと言いたいことを言えなかった側の人間なので、気持ちはわかります。

でも、みんな困っているのに、正しく解決しようとしていないですよね。

そこもまた問題なんです。


我慢しないと日々が送れないのは、かなり不自然ですよね。

私が主宰する講座でも、パートナーシップや母親との関係に悩みを抱えている人がたくさんいます。よくよく話を聞いてみると、**困っているのに、相手に「自分がどうしたいか」を伝えられていないのです。**

「どう伝えたらいいですか?」という質問をよく受けるのですが、私の回答は1つ。

「本音を全部素直に伝えましょう」――これだけです。

それでも、〝素直に伝える〟ことができなくて、その前に言い出すことすらできないのは、結局、相手の器の大きさを信じきれていないからだと言えます。例えば「**こんなこと、絶対に受け入れてもらえない**」と、相談する前から決めつけて、自分の中でモヤモヤとイライラを増幅させ続けて爆発に至ってしまう……ということをリピートしていませんか？

そんな人でも、パートナーに本音を話して相談できるようになると、「話を聞いてくれた」「聞き入れてくれた」となるケースがほとんど。

その上、心配してくれたり応援してくれたりするようになるんです。

これは、**コミュ力の極意を知って本音を伝えた人にしか体験できない世界**。

よく「それはあなたの旦那さんが〝神夫〟なだけだよ」とくくられがちですが、実際は、ほとんどの男性が、話をちゃんと聞いてくれるんです。

私たちの問題の9割はコミュ力!?

このように、日本の女性が抱える人間関係の、ほとんど9割の問題は、本音を言えていないことが原因です。その背景には日本の教育の影響があると思っています。私たちは、学校だけなく、家庭、会社、社会……あらゆる教育の場で「本音を言っちゃいけない」と植え付けられて育ってきているからです。

かつて学校の授業で、自分の意見を聞かれたことは、ほぼありませんよね? 答えが用意されている問いの回答や、模範解答しか求められたことがないと思います。

これは日本独特の教育文化。私の娘が通うインターナショナルスクールでは、子どもたちは、自分の意見や素直な気持ちを表現します。「それぞれ意見が違うのは当たり前だよね」という教育を受けているから。これが世界のスタンダードです。

でも日本人は「意見を聞かれる」という機会がなく育ち、たまに**意見を述べても「わ**

がまま」と捉えられたり、注意されたり、叱られたりすることが多い。

そして、ますます**意見を言えなくなるような社会構造**で育ってきたのです。

私も幼少期から思春期までは、家族内で発言権がまったくありませんでした。

習い事も通う塾も、付き合う友達も、スカートの長さも、受験する学校も、全てを母が「ああしなさい」「こうしなさい」と決めて、私が興味のあったインターネットやメイクやファッションなどは全否定。

「あなたはどうしたいの？」と聞かれたことなんて一度もありません。

母が決めたことをやっているのに褒められることはなく、時々、母が人に自慢できそうなときだけ褒めてくれました。

子どもというだけで無条件に発言権がなく、親の言いなり。

頑張って意見を述べても相手にしてもらえないのは、昭和に生まれた私だけでなく、現在を生きる子どもたちも感じていることだと思います。

日本の教育は、戦後のＧＨＱにつくられた民間情報教育局の指導からずっと変わっていないのです。こんなに時代が早く変化しているのに。

家庭内で発言権がない私は、母に反抗する気持ちはありつつも、渋々意見を聞いていました。幼少期から自分の意見を言わずに育っているので、大人になったら急に自分の本音に気づくなんてことはありえませんよね。

今は見た目が派手で、そんな過去があったなんてイメージできないような私も、本音が言えない一人でした。

日本の女性のコミュ力、本当は低いんです

男性と能力は同じなのに……

日本人全体のコミュ力が低いのかと言われると、そうではありません。男性のコミュ力は、実は高いんです。

高いというと語弊があるかもしれません。女性が極端に低いのです。

想像してみましょう。

経営者と言われる人は、男性のほうが圧倒的に多いですよね。

会社を経営するには、いい大学を出ていることよりも、コミュ力が高いことのほうが有利だと思います。だって、自分の思いが伝わらないと組織は機能しませんから。

２０２３年の帝国データバンクの調査では、女性社長の割合は８・３％。

これは、女性のライフステージの変化などによる影響で、管理職を目指す女性や起業する女性が少ないなどの理由もあると思いますが、この極端に少ない数字は、「会社を経営するにはコミュ力がないとうまくいかない」という結果の表れでもあると私には思えます。

男性のほうがコミュ力が高いと感じるのは、彼らに能力が備わっているということではなく、能力は同じでも、**女性のほうが家庭で厳しく育てられ、能力を発揮する場がない環境だったから**でしょう。

経験のある方も多いと思いますが、母親は異性である男の子には甘くなりがちですよね。諦めがついてるところがあると言いますか……。

男の子は、母親が何を言っても〝聞かずに自由でいられる〟一方、時には素直に聞く一面もあり、その素直さで母親とのコミュニケーションがとれている。

こうして家庭という最小単位の社会で培われたコミュ力が、大人になって社会に出るときの基盤になっているのだと思います。

母親の影響と「お嫁」問題と

ここまでで気づいたと思いますが、私たちがコミュニケーションをとる最初の相手はたいてい母親です。

その影響を、いい意味でも悪い意味でも多大に受けています。

母親は、実体験からしか子育てができない人が多く、自分が育てられてきたように子育てをしていきます。そのため、母親自身が幼少期に発言権がない家庭環境で育った場合、自分の子どもにも発言権を持たせないように育ててしまう。

また**母親は、同性である女の子には口うるさくなる**ところがありますよね。「ちゃんと育ててお嫁に行かせないと」という古い時代の責任感のもと、私たちを教育してきたのです。

私の母も右に同じで、私の意見を聞くよりも、〝ちゃんとしなきゃ〟と、私を教育していたように思います。

「どうしたい?」なんて聞かれたことある?

厄介なのが、そういった教育は十代で終わるわけでなく、一生続いていくこと。

社会に出て会社に所属しても「どうしたいか」は聞かれず、**とにかく上司から言われたことをやるという、家庭と変わらない教育を受け続けることになるのです。**

特に女性は「これして」「あれして」「こうしなさい」と指示される仕事や、補助の仕事ばかりさせられて、自分は何が得意で何をやりたいかなんて意識したことがない人もいると思います。

実際、私も前職での社長と出会うまでは、指示された内容をこなすことが仕事だと思い込んでいました。

この観点で言うと、男性のほうが営業職や企画職など、自分で考えて仕事をする職種の人が多い。一方で、女性はアシスタントのような、営業事務や総務庶務、経理などを選ぶ人が多いのも納得です。

アシスタントは最たるもので、人の意見を聞いて従うのが仕事なので、自分の意見などは関係ありませんよね……。

コミュ力が底辺だった時代の私もそうで、アシスタント業務しかしたことがありませんでした。

仕事を探すときも、それ以外に自分ができる仕事があるなんて考えもしませんでした。

前職で営業職に就いたときにやっと、男女関係なく周囲と対等な関係を築けたのは、「あなたはどうしたいのか」と社長に問われ続けて、コミュニケーションの基礎が身についたおかげです。

そう、自分の意志で決める「決定権」を、私は初めて与えられたのです。

多くの男性は悪気なく、家でも会社でも女性は自分をフォローするものだと思っている傾向があります。そういう男性側の思い込みもありますし、多くの女性も人の世話をするのが当たり前になりすぎて、みんな悪気がないのに社会全体がそんな循環になってしまっていますよね。

こういう、本人がどうしようもできない社会的構造もあり、**女性は「本音を言う」ことがないまま大人になる**。大人になってからも「自分の本音」がわからなくなってしまっています。そもそも今まで考えたこともないわけですから。教育や社会によって、それが当たり前になってしまっているのです。

身近な人や仕事と自分の距離感は？

今いる環境で、思ったことをそのまま言い合える関係を築けていますか？

以前の私も、みなさんと同じような環境でした。

思えば高校卒業後、社会に出てから一度も、会社の人に心を開いたことがありませんでした。同僚とは、ランチに行ったり、飲みに行ったりするくらいの距離感。

でも前職では、思ったことをなんでも言い合える関係を築けたのです。

フィンランドに本社がある会社の日本代理店だったので、企業体質は欧米系。

私がそれまで勤めたことのある日系の会社と違うところが多く、その文化を国内でも作っていたのが私の人生を変えた社長です。

当時私は、営業部のあるチームのトップ（課長的な役割）でした。営業部で翌年度の目標数値を決める会議に出席したとき、私のチームは前年度比１２０％の目標を掲げていました。この１２０％に意味はなくて、なんとなく前年度より大きいほうがいいのかな、くらいに思っていた私。

そこで社長から、「なんで１２０％にしたの？」「そもそもなんで売上を上げる前提なの？」と問われました。

売上は前年度より上げていくのが普通と思っていたところ、

「あなたはチームをどうしていきたいの？　本当に売上を上げたいの？」
と聞かれ、衝撃を受けました。

私はこれがきっかけで「自分は本当はどうしたいのか」ということに初めて向き合うことになりました。

意外に真面目な私は社長の問いを数日考え、「やっぱりこの商品はいいものだから、たくさん売ったほうがいい」という結論に。それを社長へ報告したところ、「それなら120％でいこう！」となったのです。

売上目標を時代の流れやマーケティング目線から考えている人は多いと思いますが、**「その仕事を担当する自分はどうしたいのか」というところから考える**のは、たぶん日本ではかなり珍しいと思います。

社長はどんなときでも、

- そもそも自分はどうしたいのか
- 何のために商品を販売するのか
- そのためにどうしてコミュニケーションが必要なのか

を考える機会を与えてくれました。

それまでの人生でこんなに仕事のことを考えたことはありませんでした。

指示される前提で生きてきたけど

こうして社長から学ぶうちに、「自分は人生をどうしたいのか」ということまで考えるようになった私。そして当時、営業職として会社を成長させたら自分が生きたい人生まで手に入るということに気づき、「私は私のためにこの仕事を思いっきり楽しんで頑張りたい！」と思ったのです。

そして「理想の人生＝今の仕事」という等式が見えたとき、チームの売上が3倍になり、自分が人生でやりたいことが仕事を通じてできるように変わりました。

●なんでこの仕事をするのか
●なんでこの人とコミュニケーションをとるのか

普段こういうことを改めて考える機会はありますか？

「会社員だから与えられたことをするのが当たり前」「指示される内容をするのが大前提」と思って生きてきた私は、「自分はどう思っているのか」という人生の問いを常に考えるようになりました。

その結果、私が思っていることと、相手が思っていることを言い合える――つまりコミュニケーションがとれるようになったのです。

「あなたはどうしたいの？」。常にこう問われたことで、自分の考えに気づくことができ、**相手がどう思っているかも質問ができるようになりました**。

これが、私のコミュニケーションがガラリと変わったきっかけです。

「口答えしないのが素直」じゃなかった

従順なほうが愛されると思ってた

以前の私もそうでしたが、コミュニケーションを誤解している人は、**「話ができている」ことを「コミュニケーションがとれている」と勘違いしています。**

私が思うに、誰しも人は愛されたいもの。それゆえ、愛されるためには波風を立てないのがベスト、相手の言っていることをそのまま受け入れるのが最善だと思い込んでいる人が多い。**「わかりました」と言ったほうが愛されると、私も思っていました。**

それゆえ、言いたいことがあっても意見が違っても、ぐっと我慢するから、ミスコミュニケーションが生まれるのです。

例えば、A子さんが、好きな男性から海へドライブに誘われました。でも、髪が潮風でベタベタになるから行きたくないと思っています。とはいえ愛されたいし嫌われたくないから、「海、楽しそう♪」と返事して、当日あまり気分が乗らないのに、ムリに自分のテンションを高く見せて過ごしたA子さん。

これって、要はA子さんは自分に嘘をついていることになります。

さらにA子さんは、こうして頑張って相手に合わせて一緒にいても、おそらく「つまらない女」と思われて長く関係が続くことはないでしょう。

今の私だったら素直に「えー、髪の毛ベタベタになるから嫌だな」と伝えます。そして「海よりこっちに行きたいな」と希望を提案します。そうすると男性は「あ、そうだよね。じゃぁそっちにしよう」と言ってくれるはずです。かなり確実に。

そして「いつも本音を言ってくれてありがとう」と感謝してもらえるはず。

最も勘違いしていたポイント

もうおわかりのように、**「相手の言うことを素直に聞くのが一番愛される」というのは大きな勘違い**です。

それは、親や学校教育から**「口答えしないで人の言うことを聞くのが素直である」と刷り込まれてきた弊害**です。

特に**「母親の言うことを聞くのが偉い、褒められる」という呪いの教育**が全てを作っています。

先ほど書いたように、私の母をはじめ多くの日本の女性が、このように育ってきているからでしょう。

ただ、彼女たちは経験してきた親の教えを再現しているにすぎないのです。

理由は核家族化やワンオペ育児にあり

不安な要素を排除する子育て

日本の女性のコミュ力の低さの原因。

その1つは核家族化が進んだことも挙げられます。かつては父母、子ども夫婦に、またその子どもが一緒の世帯に住む「多世代同居」がほとんどでした。核家族化が進むと、生活の身近に子育ての先輩がいなくなります。

初めての母親業を一人でするしかない環境で子育てして、うまくいくなんて難しいこと。

「子どもは村全体で育てるもの」というアフリカのことわざもあるように、母親一人で子育ての全てなんてできないのに、時代の変化を一人で受け止めて、「自分一人で子育てしないといけない」という責任感と思い込みが、今の日本社会を作っているのだと思います。

社会人の場合、1年目は電話の取り方から先輩たちに教わっていくのに、子育てはなぜか自分で調べて、自分で解決しなければならない重圧……。

なぜか母親という立場になったとたん、人に聞く、頼るということがしにくくなってしまうんですよね。**自分が子育てできてないことにそもそも自覚がなく、できない母親と思われたくないブロックも働いているかもしれません**。

その環境で、母親が子どもに挑戦させてあげるなんてできないですよね。

- とにかく自分の監視下で、自分の言うことを聞いてもらう
- 不安な要素を排除する子育てをするしかない

だから子どもは家庭では「母親の言うことを聞く以外の選択肢がない」のです。

そう、これが家庭でコミュニケーションを学ぶことができない理由の1つです。

あさぎ流子育ては真逆

私がしている子育ては、今の日本の風潮とは真逆で、子どもがしたいことは挑戦させてあげますし、やりたいことにダメなんて言ったことはありません。

娘たちには**「どうしたいの？」「どこに行きたいの？」と常に聞き、娘たちが自分の意志で選ぶスタイルです**。娘たちは自分で選んでいるから、ダダをこねたり、不満に思うことはありません。だから子どもにイライラしたことがないのです。

ドバイに移住してからは、住み込みのナニーと暮らしているため、「ナニーがいるからでしょ？」と思われがちですが、東京に住んでいた頃は、夫と二人で子育てし、保育園とベビーシッターを活用していたので、みなさんとそう変わりませんでした。

それでも、子どもにイライラしたことがないのは、私が子どもに意志を聞いていたからだと思います。

ただしそれは、何かをさせるという方向に持っていくことではありません。

「寝なさい」「食べなさい」とは言ったことがないからです。

日本のお母さんは、「寝なさい」「食べなさい」と呪文のように唱えてますよね。

でも子どもだって「寝たいときに寝て、食べたいときに食べる」、このシンプルな考え方でいいと思うのです。

私は日本にいたときから、海外では当たり前とされている子育て法を取り入れて、**娘たちがしたいようにさせるため、本人に意見を聞く**ようにしています。

私たち女性の多くは、自分の母親に対して、もう少しこうしてほしかったと思っているし、今も思い通りの人生になっていないことを「母親のせい」と思っている人もいるはずなのに、わが子の子育ては自分の経験でしてしまっている。

ここが問題ではないでしょうか。


自分の欲求に素直になれないから。

自分ができていないから。

だから子どもにも〝ちゃんと〟を強いてしまうのだと思います。

まだある、母親からの呪いと刷り込み

こうして私たちは母親から多大な影響を受けているのです。しかも気づいている以上の影響を。例えば、呪いのように「みんなと仲良くしましょう」などと言われませんでしたか？　いま考えると、**みんなと仲良くするのは「自分の気持ちや意見は我慢したり、なかったことにしよう」ということ**ですよね。

私も同じように言われてきました。「あの子と仲良くしなさい」「あの子と付き合うのはやめなさい」など。そこには母なりの、人の目を気にしたジャッジがありました。

そんな母は、ママ友とお茶をしているときはニコニコしているのに、みんなと別れたあとによく愚痴をこぼしていました。

言いたいことを言えないのに、言いたいことを言った人を非難する。

それを見ていた私は「思ったことは全部言っちゃいけないんだ」と子どもながらに

感じ取っていました。いわば洗脳的な教育を受けてしまったんですね。

でも今はわかります。母親自身、人の目を気にしすぎて自分の気持ちを抑えつけていたんだということが。

多くの日本の女性の生き方は、人の目を気にすることが優先順位の一番になっています。だから、人にどう思われるかで全てを決めてしまう……。

それが子育てにも影響しているのです。

究極論でいうと、人にどう思われるかを気にしなければ、子どもを叱る必要なんてほとんどありません。

それなのに、人の目に怯えるあまり、叱ることが多くなってしまうのです。

大切な人ほど関係がツラくなるのはなぜ？

話し合いより聞き合いでした

日本の女性の多くは、夫婦や家族など近い関係になるほど、コミュニケーションがうまくいかない傾向にあります。

逆に言うと、あなたがママ友や同僚とうまくいっていると感じているなら、それは波風を立てない関係でしかないから、かもしれません。

そもそもコミュニケーションをとっていないということになります。

というのも天気の話や、学校のこと、今日の仕事の話なんて、コミュニケーションではなくて、ただの連絡やおしゃべりです。

コミュニケーションは人生を豊かにするため、自分の願いを叶えるためのツールです。大切な人とのコミュニケーションは、人生で最も重要なことなのに、うまくいかないのはなぜでしょう。

例えば、私のように子どもがいるけど、「本当は旅行に一人で行きたい」「会社を辞めて好きなことで活動したい」と思っている女性が、夫にそれを話したら、心配されたり反対されて喧嘩になったりすると、よく聞きます。

でも、ちゃんと相談して話し合いをしていかないと、あなたの望むことは、いつまでたっても叶えられませんよね。

そんなの悲しくないですか？

私は、自分の人生でやりたいことは叶えたいし、家族がやりたいと思っていることも全力で叶えさせてあげたいと思っています。

私は、「話し合いより聞き合い」というモットーを掲げています。

自分の話をするだけではなく、相手の話を聞かないと、課題を解決することなんてできないですよね。

この本の企画当時、私は世界中を移動していて、ドバイのわが家へ行くのは数カ月に一度。こんなに家を空けても、夫が怒ったりせずにむしろ応援してくれているのは、私が自分の人生を全力で生きているということもありますが、どんなに小さなことでも「聞き合い」をし続けてきたからです。

聞き合いが私たちに大切な理由

家族は、家庭というコミュニティを運営していく運命共同体です。

そのコミュニティを運営していくには計画が大事。家族は人生を共にするプロジェクトメンバーなのです。しかも、どんな仕事よりも重要な。

プロジェクトの計画と進行には、話し合いがとても大事ですよね。

むしろこれしか大事じゃないほどに。

でも最初は、その話し合いというのができないんです。
なぜなら、今まで私たち女性は自分の意見なんて誰にも求められてこなかったから。
だから、相手の話を聞いて自分の話もする「聞き合いの場」が重要なのです。
それは私たち大人だけでなく、子どもたちも。

自分は、そして相手は、本当はどうしたいのか、どう感じているのか。
今の日本の女性はその洗い出しを忘れてしまっているだけ。

まずは自分の気持ちを掘り起こし、素直に伝えてみましょう。
そこがスタートです。
そして相手の気持ちにも寄り添うのです。

第2章

我慢と犠牲は、やめたほうがうまくいく

美徳も、うまくいかない原因だった

常識が覆された出来事

前章を読んでおわかりかと思いますが、日本人の美徳とされてきた「我慢」や「自己犠牲」は、コミュニケーションがうまくいかない原因になるんです。

私自身も、

- 空気を読んで和を大切にすると、いい人間関係を築ける
- 自己主張をするよりも、相手の話を聞いたほうがいい

と親からも学校からも学んできました。

でも、私が小学生のときにその常識が覆される出来事が起きたのです。

当時私はオタクでおとなしく、クラスのいわゆる下位グループに属していました。そのグループではのんびりした人間関係で楽しんでいたのですが、いつも目立つ上位グループの人たちに「この場所使うからどいて」とか「私たちがこれ使うから！」とモヤモヤすることを言われてばかり……。

最初はおとなしく従っていたのですが、「なんでこんな扱いを受けなくちゃいけないの⁉」と思い、あるとき勇気を出して言い返してみたら、意外にも彼女たちは「あさぎ面白いじゃん」と、私と仲良くなろうとしてきたのです。

きっと嫌な顔をされたり嫌われたりすると想像していたので、まったく逆の反応にびっくり。そこから上位グループと交流するようになって気づいたのが、彼女たちにはコミュ力の高い人や、ハッキリしている人が多かったこと。

そのメンバーと**仲良くなる秘訣が「本音を話す」だったのです。**

それまで自分が信じてきたコミュニケーションのコツとまったく逆のことが、そこにはありました。

考えてみれば、本心を隠して「我慢」「自己犠牲」の引きつった笑顔で陰口を言う人より、裏表なく本音を語ってくれる人のほうが人は安心して話せます。

ここからは、みなさんが正しいと思い込んでいる方法や、うまくいくと信じているコツなどがひっくり返るようなお話をしていきたいと思います。

「こじらせ言葉」をチェックしよう

人間関係をこじらせている人には、共通する口癖があります。

それが次の「こじらせ言葉」です。当てはまるものはありますか？

□普通は
□こうするべき
□〇〇してくれないの？
□〇〇をしないでほしい

□これくらい○○してほしいな……
□ここまでしたから、さすがにこうしてほしい
□あなたが○○だから
□なんで○○なの？

これらはよく使われる言葉ですが、全て、**他人を自分の期待通りにコントロールしようと思うときに使うものです**。

「別に私は人をコントロールなんかしていない」と思うかもしれませんが、実は人に期待する言葉を投げかけるのも相手をコントロールするのと同じこと。

SNSで見かける夫や彼氏への愚痴は、「子どもともっと一緒に遊んでほしい」「なんで家事をもっとやってくれないの!?」「話を聞いてくれない」などで溢れています。まさに「こじらせ言葉」。**相手を自分の思いどおりにしようとしているので、人間関係がうまくいかない**のです。

自分では無意識に使ってしまうかもしれないけど、逆に夫や彼氏から「いつも優しくニコニコしてほしい」「自分をもっと立ててほしい」「子どもが生まれたら部屋が汚くなった」とか言われたらムカつきますよね。

これらも「こじらせ言葉」だからです。こうして相手の理想を押し付けられると、ダメ出しされているような気分にもなりませんか？

こんなふうに偉そうに語っている私も、実は昔、こうした言葉をよく使っていて、同棲していた当時の彼氏とは毎日喧嘩……。

そのときの私は、**自分の理想を彼に押し付けて、そのようにしてもらおうとしていました**。そうしないと自分が幸せになれないと思っていたのです。

自分で自分を幸せにするのではなく、彼に幸せにしてもらいたかったのです。

よく考えてみると、プロポーズで女性が言われたい言葉「あなたを幸せにします！

だから結婚してください」なども、自分の人生を他人に幸せにしてもらいたいという象徴的な言葉ですね。

でも**人に幸せにしてもらおうとすると、相手が機嫌を悪くしたりトラブルに巻き込まれたりした場合、自分の幸せは相手しだいになってしまいます。**

自分の幸せの決定権を人に握られている状態。

つまり他人に自分の人生を左右されるようなもので、とても不安定ですね。

しかも、自分の幸せのために必死になって相手を動かそうとして「こじらせ言葉」を連発してしまうので、**本来うまくいくはずの人間関係もうまくいかなくなってしまいます。**

現在の私は、自分で自分を幸せにできるようになったので、「こじらせ言葉」を使わなくなり、人間関係のトラブルはほぼゼロになりました。

自分も「こじらせ言葉」を使っているなと思ったら、いきなりゼロにするのは難しくても、意識して使う頻度を減らしていきましょう。

ちなみに「こじらせ言葉」を使って人間関係がうまくいかないのは、家族やパートナーがいる人だけではありません。

友人関係や、婚活しているときも敬遠されがちです。

パートナーがいる人も、これから探す人も、注意しましょう。

「我慢すれば丸く収まる」はいつか崩壊

爆発・破綻しない関係のコツ

みなさん勘違いしているのは、我慢したことはどこかに消えてなくなると思っていること。

我慢は翌日にはリセットされて、きれいさっぱり忘れられると思っていませんか？

恐ろしいことに、**我慢は自分の中で蓄積され、恨みに変わって残り続け、時を超えて腐敗し、ガスを発生させ、巨大化して自分に戻ってきてしまうのです。**

「こじらせ言葉」を使う人は、我慢しているうちに人を非難するような心の状態になり、**相手を責める言い方になっていることが多いものです。**

あなたは心当たりがありませんか？　理不尽な思いをしたけどグッと我慢して何年経っても忘れられず、今でもモヤモヤしている出来事が。

そして、似たようなことが起きると、感情が爆発してしまうことが。

私も昔は我慢を美徳と思っていたので、元彼と同棲していたとき、苦手な家事も全部やっていたけど、結局爆発してしまいました。

離婚はその究極の形。人生の伴侶として選んだ相手に遠慮して、我慢が溜まり続けた結果です。我慢が蓄積されると、結婚当初は気にならなかった相手の些細な言動がイライラの原因となり、さらにそのイライラが新たな我慢のタネになり、限界を超えて離婚に至る……。

ここで注目してほしいのは「**我慢でやり過ごせることはない**」と自覚すること。

我慢は100％蓄積され、最終的に崩壊するんです。

そして離婚するとき裁判になるのも、今まで自分の意見を言ってこなかったから。何年分もの溜まりに溜まった不満を相手にぶつけてしまうから、泥沼になってしまう。自分も相手も話し合いができなくて、裁判に持ち込まないと道が決まらなくなっています。

そうなってほしくないのでキツい言い方になりますが、多くの女性は話し合うスキルがゼロなんです。

裁判をして慰謝料１００万円を勝ち取っても、弁護士を頼んでいたら逆にマイナスになってしまいます。素直な気持ちが言えないばっかりに、時間もお金も労力も莫大にかかって、損をすることに。

普段から自分の素直な気持ちを伝えて、不満を溜めていなければ、もっとスムーズに離婚できることは多いのではないでしょうか。

離婚だけでなく友人関係でのお金の貸し借りや、仕事などさまざまなシチュエーションで、**お互いに我慢しない関係性ができると、大事にならずお金も時間も労力も失わないことが多いのです**。

「私はいろいろ我慢しているし、不満を溜め込んでる。ヤバイかも……」と気づいた人や、自分の思いを素直に伝えられない人におすすめな対策を2つ紹介します。

対策① 曖昧に答えるだけでいい

ちょっとした違和感には「ん?」「え?」「あー」と反応しましょう。

愛想よく「それいいね」なんて言わずに、曖昧に悩んでいるようにしたり、「一日考えます」と言ったりしておけばOKです。

すぐにきちんとした返答をしなくていいんです。

また、人間関係をこじらせている人は、**大丈夫じゃないのに「大丈夫ですよ〜」とニコニコ対応して不満が溜まりがち**。

ＮＯと言うのが苦手で、いざＮＯを言うときに「やりたくない！　なんで私がやらなきゃいけないの!?」と強い言い方になってしまうこと、ありませんか？

はっきり拒絶すると、相手からは反発されやすいので喧嘩になってしまうことも。

拒絶などの〝ゼロヒャク思考〟になってしまいがちな人は、やりたくない提案をされた場合は「あー」と曖昧に返事をしておくと、時間をおけば断りやすいですし、相手が察してくれたりします。

対策②　不満をすぐ伝える練習

もう１つの方法は、少しずつ「言うまでの期間を短くする」練習です。

例えば、「１年前に言われたことが悲しかった。もう言わないでほしい」と思ったら、そのことを今からでも相手に伝えてみましょう。

そんな昔のことを……と思うかもしれませんが、１年前のことを言えるようになったら、次は半年前のこと、そして先月のこと、昨日のこと、１時間前のこと……と、

どんどん早く返せるようになり、上達すると瞬時に言い返せるようになります。

その場で自分の気持ちを言えるようになると、人間関係がスムーズになるんです。

あなたが逆の立場だったら、相手に「本当は嫌だった」と悶々と我慢を抱えられるより、「不満があるならその場で言ってよ！」と思いますよね。

周りのみんなも同じように思っているんです。

言いたかったのに言えなかったこと、過去にありませんか？

昔のことからでも、言いたかったことを少しずつ言うチャレンジをしてみましょう。

被害者ポジションは逆効果

無意識のポジショニングに要注意

「自分の意見を少しずつでも伝えよう」とアドバイスしても、「それができないんです……」と言われることが多々あります。**自分の意見を言えない人は「自分を弱者認定して、被害者ポジション」にいませんか？**

私は「自分の気持ちを素直に伝えればいいんだよ。やりたくなかったら嫌だと言えばいいし、私に送ってくれたこのメッセージをそのまま言えばいい」と答えるのですが、「それができません」「私には怖くてできません」「彼はそんなこと聞いてくれません。私の話は聞いてくれないんです」と返されることもしばしば。

自分の気持ちを素直に言えば解決することもあるのに、弱々しく振る舞っているほうが、**誰かが助けてくれるだろうとか、気の強い女性より好印象を与えるだろうとか思っている人が少なくありません**。でも、それはまったくの逆効果。

男女別の気持ちの伝え方を知ると、よくわかります。

これまでの著書でも力説してきましたが、少年漫画を見ればわかる通り、**実は男性は強い女性が好きで、反対に、「ただ弱い女性」は好まれません**。

漫画『ワンピース』（集英社）には強い女性がたくさん出てきます。例えばナミは普段とても強気なのに、たまに泣くからこそ、ルフィが超頑張って守ってくれる。ナミが普段から自分の意見も言えず「どうしよう……」と震えているキャラなら、麦わらの一味になれなかったと思いませんか？

男性は、か弱くて守ってあげたくなる女性が好きだと思っていたら大間違い。ぜひ『週刊少年ジャンプ』（集英社）を開いて女性キャラを見てみてください。メインの女性キャラはみんな強い。**腕力がなくても精神的に強い**。

そして注意したいのは、少年漫画と少女漫画の世界に大きなギャップがあることです。

少女漫画のキャラは平凡な女性が多く、その子がトラブルに巻き込まれ、颯爽とイケメンが助けてくれるパターンが定番。

自分の意見をはっきり言えないキャラも少なくありません。

そのせいで20話くらいすれ違いが起きて喧嘩をするとかも、よくあるストーリー。さっさと「私はあの人なんか興味がなくて、あなたが好きなの」と言えば解決するのに。世の中の女性が陥る**パートナーシップのこじらせの原因は少女漫画にもあるのでは？**と思うほどです。

モラハラ・パワハラを呼び込まない

ここで疑問に思いがちなのが「男性にはヒーロー願望がある」「男性は立ててほしい生き物」、だから「強くハッキリした女性は嫌われるのでは？」ということ。

男性は**弱い女性に立ててもらうのではなく、強くてすてきな女性に立ててもらうの**

が嬉しいのです。弱そうにしている女性が男性を立てても、男性からは「面倒」とか「媚びを売っている」としか思われなかったりします。

普段しっかりしていて、自分の意見をハッキリ言う魅力的な女性が自分を尊敬して頼ってくれる。だから男性は嬉しいんです。

でも、これって男性だけではないと思いませんか？

女性同士、いえ全ての人間関係でも同じこと。普段しっかりした強い人がふとこぼす悩み相談のほうが、いつも悩んでいてウジウジして「私なんて……」と口にしている人からの相談より、ちゃんと話を聞いてあげようと思いませんか？

さらに付け加えたいのが、**自分を弱者認定すると相手を〝モラハラ化〟させてしまう**可能性が高く、ひどい目にあいやすいこと。

モラハラを受けている妻たちの相談をよく受けるのですが、彼女たちにはテンプレがあるなと感じています。

それは「私って可哀想でしょ？　あなたのためにこんなに頑張ってるの！　だから優しくして」というオーラをかなり醸し出していること。

すると、夫はますますモラハラになっていきます。

これは女性同士にも当てはまっていて、こういうタイプの人は男女問わずパワハラされたり、人から大切に扱ってもらえなかったりします。

だから自分を弱者認定しても、実は何もいいことはないんです。

私たちはそんなに弱くない！

私たちはもっと強くなっていいんです。

「みんなと仲良く」も災いの元

損得を明確にしたら人生が加速

自分の本音を伝える重要性について、さまざまな角度からお話ししましたが、次は、それを私がどう活用しているのか、どんな人と仲良くなっていい人間関係を作っているのかを挙げていきますね。

というのは、みなさんにも自分の貴重な時間を一緒に過ごす人を、しっかり選んでほしいと思うからです。

多くの人は、自分が一緒にいると「心地いい人」や「得する人」に大事な時間を使わず、「損する人」や「どうでもいい人」に時間を使ってしまっています。

例えば飲み会などで、本当はイケメンと話がしたかったのに遠慮して、隣に座っているつまらなくてタイプでもない人の話を聞き続け、連絡先を交換したのは結局その人だけ……友達はちゃっかりイケメンの隣に座って今度デートに行くという話を聞いて悔しがる……なんて状況、もったいないと思いませんか？

魅力的な人であればあるほど、その人には自分から話しかけないと接点を作るのは難しい。**すてきな人が気を使って向こうから勝手に話しかけてくることは稀。**

学園の人気者のイケメンが平凡な主人公にアプローチしてくるのは、少女漫画の世界だけなんです。

私が交流会などに参加するときは、「今日はこの人には絶対に挨拶をして仲良くなろう」と意識し、自分が得だなと思う人としか話しません。ですが以前、私がスルーした自慢話ばかりのオジサンに、一緒に来ていた友人が捕まって延々と自慢話を聞かされているのを見て、「もったいない」と思うことがありました。

私は次のことも意識しています。

● 自分が一緒にいて得できる人に時間やエネルギーを使う
● どうでもいい人には少しも時間やエネルギーを割かない

「人間関係を損とか得とかで考えるなんて……」と思うかもしれませんが、**人間関係は、損得と利害を明確にするのが一番うまくいく**んです。

どうすれば自分が得できるかを真剣に考えて、得する相手とだけ付き合い、得するコミュニケーションだけをとるようになってから、私の人生は加速的に好転していきました。

相手も自分も得する目線で行動を

「人の骨折より、自分のささくれ」

私の座右の銘と言ってもいいこの言葉。

人はいかに自分自身にしか興味がないか、つまり、誰しも他人より自分の損得にだけ興味がある、ということを表しています。

この真実を理解すると、人間関係がスムーズにいきます。

そもそも**他人に対して「本人より自分を優先してくれる」と期待するから、人間関係がうまくいかない**んです。

そして自分が他人を優先するから、相手にもそれを求めてしまう。

すると「なぜもっと優しくしてくれないの？」「なんでもっと私のことを考えてくれないの？」と「こじらせ言葉」を使うことになってしまい、人間関係がこじれてしまいます。

全人類、自分が得することしか考えていないことをちゃんと理解すると、**いかに相手に得をさせるか**という目線で行動することもできるようになります。

- この人は何を考えているのか
- どんなことを求めているのか
- どうしたら喜んでもらえるのか
- どうしたら得したと思ってもらえるのか

要するに次のことを考えて行動すると、最高にハッピーな人間関係が広がっていくのです。

「自分が付き合って得をする相手に得をさせて、最終的に自分が得をする」

ただし注意点が1つあります。

相手に得をさせるために**自己犠牲をしてしまうと本末転倒**。

自分が得意なことや、やっていて楽しいことを相手にしてあげて、喜んでもらうのが重要です。

自分がツラいなと思うことをやり続けてしまうと、しんどくなってしまいますよね。

このように、自分の損得感情をとことん追求することが、あなたの幸せ、そしてみんなの幸せに繋がるのです。

よって、いい人であるために**自分が得することを後回しにして、誰とでも仲良くなろうとするのは危険信号**。最終的に誰も幸せにならない結果になります。

ぜひ考えてみてください。いま一緒にいる人は自分にとって得する人ですか？

自分が得することだけを考えるなら、どんな人と付き合いたいですか？

トイレへ行きたいときに行ってますか？

本心を見つけるカギはトイレ

ここまで何度も「自分の気持ちに素直になろう」と書いてきましたが、私が前職で社長に聞かれても最初は全然答えられなかったように、そもそも自分の本心や気持ちがわからない人が本当に多いなと思います。

- 自分の気持ちを大切にするっていうのがわからない
- そもそも自分に本心なんてあるの？

こう思った人も安心してください。本心が迷子になっているだけで、ちゃんと見つけてあげれば、少しずつ本心が見えてくるようになります。

私も以前は、「どうしたいとは？　自分で考えるのも意味不明だし、質問の意味がよくわからない」という状態でした。

長い時間をかけて出した答えも「こっちのほうがいいですか？」と正解や常識の基準から出したもの。なので社長に、「あなたはどうしたいの？」と何度も聞き返されてしまう始末。

だから、今はまだ自分の気持ちがすぐわからなくても大丈夫。

まずは**いきなり大きいことを考えず、「お腹すいた」「トイレ行きたい」を意識するところからスタート**してみましょう。

お腹が空いたら食べる、空いていなかったら、ご飯の時間が来ても食べない。食べたいものは何かを真剣に考える。

トイレに行きたくなったら、1秒も我慢しないようにして行く。

そんな些細なことを少しずつ叶えていくと、だんだん大きな欲求＝本心が見えてくるようになります。

本心は些細なことの奥にある

ちなみに私は耳かきを常に持ち歩いていて、耳が痒くなったら1秒も我慢しないでいつでもどこでも耳掃除ができる万全な体制になっています（笑）

「そんな当たり前のことじゃなくて、もっと自分の心の底からの本心がわかるようになりたい！」と思うかもしれませんが、些細なこともわからないようでは、自分の心の奥にある本当の気持ちなんてわかるはずがありません。

- ちょっとでも暑かったら、我慢せずにエアコンをつけていますか？
- 何か飲みたいなと思ったら、我慢せずに飲んでいますか？
- ご飯を食べるときは、ちゃんとお腹が減っていますか？
- 打ち合わせの最中でも、我慢せずにトイレに行っていますか？

- ムラムラしたら、ちゃんと気持ちいいことをしていますか？
- 眠いなと思ったら、時間を気にせず寝ていますか？

なかなか全部できている人はいないと思います。

いきなり１００%叶えることは難しくても、まずは自分の欲求、特に３大欲求を満たすことを少しずつ優先していきましょう。

正しさや効率より、それが自分の本心を見つける大事な一歩なのです。

建前が本音になっているのかも

本音・本心は赤ちゃんもカギ

ところで、みなさんがいま思っている「本音」って、たぶん本音じゃないと思います。本音と建前という言葉があるように、日本人は心遣いを大切にしてきました。

- 本音は「本心から出た言葉、真実。本当の心」
- 建前は「自分と相手との考えの違いを、相手を不愉快にさせずに伝えるために使われるもの」

これを昔は使い分けてきたのに、いつからか、本音がわからなくなって建前を本音にしてしまっているのかもしれません。

心遣いというアウトプットをどうするかは、自分の本音がわかり、自分を大切にして素直になることができてからにしましょう。

本音や本心を知る例をいくつか挙げてきましたが、それでもわからない、うまくできない、という人に最強におすすめなのが、赤ちゃんにかえること。

そんなことできないってみなさん拒否すると思うんですが、究極論をお伝えします。

人類最強のコミュ力の持ち主は赤ちゃんなのです。

赤ちゃんは、

- お腹が空いたら泣く
- 眠いとき、自分で入眠できず泣く
- 一人で寂しかったら泣く

反対に、

- お腹いっぱいになったら満足した表情になる
- 一緒にいて楽しかったらニコニコ笑う
- 幸せそうに眠る

言葉は発しなくても、「自分はこうしたい」と全力で表現しています。

気持ちを素直に伝えてくれているから、周囲も全力で応える。

これがコミュニケーションです。

でも、ちょっと大きくなると、母親の顔色を伺っちゃうんですよね。

お漏らししちゃったときに、そのことを素直に言えないのは、お母さんに怒られるからです。お漏らししたら気持ち悪くて泣きたいはずなのに。

大人だと、

- 人前で泣くことは恥ずかしいこと
- 眠たいのは自己管理できてなくてだらしない証拠
- 寂しいのは心が弱いから

とか思われがちですよね。サボり屋やメンヘラ、または病人扱い。

そうすると、「自分の感情を表現するのは、自分の弱さのせいかもしれない」と思い込んで、自分の素直な気持ちを出せなくなります。

でも、泣くのも正しいし、笑うのも正しい。間違いなんて存在しないはずです。

赤ちゃんにかえるのは、真剣に人生を生きること。

今、この瞬間の自分に正直になることなのです。

だって赤ちゃんは、「我慢したら何時間後にミルクが出てくる」などの計算はできないはず。それくらい今を大事にして生きているということなんですよね。

今の自分に正直になるとは？

私は食事をとても大事にしていて、人が決めたものを食べることができないんです。前もって食べるものが決められているのも苦痛で仕方ないタイプ。

だから、日本でベビーシッターや家事代行をお願いしていたとき、唯一依頼できなかったのが作り置きサービスでした。

私は毎食のように、自分が本当に食べたいものを探すため、飲食店検索サイトの口コミなどを読んで真剣に選んでいます。

「今を生きる」とは、些細なことにも正直に真剣になること。私は「100％自分の責任で人生が決まる」と思えるようになってから、人生がラクになりました。

私たちは、**社会というプラットフォームで想像以上に洗脳されてしまっています。**「そんなことない。私は大丈夫」、そう思っている人こそ、まずは無意識で自然な状態である赤ちゃんのコミュ力に戻ってみてください。

まずは自分自身に対して。

それができるようになったら、周囲との関係も変わってくるはずです。

例えば、家族や友人に「いま悲しいんだ」と告げられたら、「そうなんだ」としか言えないじゃないですか。そこには善悪もジャッジもありません。

そういうことに気づけるようになるんです。

素直に自分の感情を伝えられるようになると、相手は「いや、そんなのは間違ってる」などとは言えなくなるはずです。

「素直に言う」とは、こういうことなのです。

こねくり回さず、また「普通はこう」などは考えずに伝えましょう。
自分の普通と相手の普通はそもそも違うのです。
だから私はシンプルに伝えます。
「私はこうしたい」「私はこうしてほしい」と。
そうしたら、相手はまず受け止めるしかないんです。
そこから、じゃぁどうしようかという話し合いがスタートします。

やっぱりまずは自分。全ての物事は自分から。

特に私たち女性は、赤ちゃんのコミュ力をお手本にしていきましょう。
これができると、自分も赤ちゃんのように、もっと愛されて大切にされる存在になっていくと思います。

「コミュ力低い」という人でも大丈夫

コミュ力が上がる3つの型

みなさんの中には「コミュ力が低い」「コミュ障かも」「コミュニケーションは苦手」と悩んでいる人もいますよね。特に恋愛や婚活、パートナーシップで。

原因は、あなたの頭の中で考えたことを実行しているからだと思います。

「では、どうやったらいいの？」にお答えします。

いいコミュニケーションには「3つの型」があるのをご存知ですか？

うまくいっている人は、それを知って、実行している人です。

婚活を頑張ってもうまくいかなかった私が、夫と出会って2週間で結婚したのも、型を使ってコミュニケーションをとっていたからだと、今ならわかります。

いい型として勘違いされがちなのは、

- 褒める
- 相槌を打つ

ですが、これは**ただのアクションに過ぎず、残念ながらコミュニケーションとは言えません**。

コミュ力が確実に上がる「3つの型」とは、

❶まず自分の話をする
❷素直に反応（リアクション）
❸疑問に思ったら即質問

婚活・パートナーシップはもちろん、親子関係・仕事など、どんな関係にも応用でき、私が出会った「欲望を叶えている人たち」にも共通しているので、ぜひ実践してみてください。次から詳しく見ていきましょう。

❶まず自分の話をする

型❶は、まずは自分の話をすること。「そんなことしたら嫌われる！」という声が飛んできそうですが、それは妄想です。

起業家や、経営者、インフルエンサーなどたくさんの人に出会ってきましたが、自分のやりたいことを実現している人たちのコミュニケーションはこれです。

むしろこれしかないくらい。

相手の話を聞くのも大事ですが、自分はどんな人なのかを話すほうが大事。ここを勘違いして、まず相手を知ることが重要だと思っている人が多いのですが、あなたがどんな人かわからないと、相手が心を開いてくれることなんてあり得ないですよね。

どんな場面でも、最初は自分です。

自分は何が好きで、何が嫌いで、何をやりたいのか。

会話はまず自分の話をすることから始めます。

私の周りでは、これを〝パンツを脱ぐ〟と表現しています。実際に脱ぐわけではありませんよ。自分をさらけ出すという意味です。

自分をさらけ出すって恥ずかしいですよね。でも「自分の話をする＝恥ずかしいことをする」からこそ、あなた自身や、気持ち、考えを知ってもらえるのです。

❷素直に反応（リアクション）

相手が求めるであろう反応を予想して顔色を伺うのはやめましょう。

それよりも、あなたが何を思っているのかを、素直な反応で伝えるのです。

相手がかっこよかったらそう褒めればいいし、かっこよくなかったらムリに褒めなくていい。褒めたいときだけ、そのまま伝えればいいのです。

私の恋愛遍歴の暗黒期、27歳の頃は、毎週のようにお見合いパーティーに繰り出したり、マッチングアプリで１日３人のデートを入れたりするなど必死に頑張っていたのに、まったくモテませんでした。

このときの私は、メッセージのやりとりでもデートでも、「こういう反応をしたら可愛いと思われそう」とか「好かれそう」ということしか考えていませんでした。
あの頃は本当にモテなかった……。

その後は、自暴自棄になってネトゲ三昧したり、ホステスとしてバイトや副業をしたり、出張の多い営業の仕事に転職したり。**「結婚から遠のくような行為」をしていたのにモテていったん**です。デートでも「私、趣味がネトゲで、気づいたら朝になってて」とか言ってるのに、ですよ。

素直になると、これくらい人生が変わるんです。
あなたも、人の顔色を伺う人生から卒業しましょう。

❸疑問に思ったら即質問

自分が理解できないことや、ちょっと変だなと思ったことは、「え、それってどういう意味？」と聞くようにしましょう。
思ったことを素直に質問することが、一番うまくいく方法だと思います。

「疑問に思うなんて失礼」「理解できないなんてバカだと思われそう」など、そんな思考はやめましょう。

「質問する」ということは「興味がある」ということですよね。

それは相手からしたら嬉しいこと。

わかったフリは、人生で新しいことを知るチャンスも逃してしまいます。

私はなんでも質問し、なんでも調べるからか、とても喜ばれます。私がたくさん質問することで、相手の自己理解が深まっていくこともあるからでしょう。

質問は相手へのリスペクトなのです。

この「3つの型」って、世の中で言われてきたものとは真逆ですよね。今うまくいっていないなら、古くて間違った型を見本にするのは終わりにしましょう。

冒頭のシーン別に解説します

ここからは、6ページで紹介した5つのシーンごとに、コミュニケーションの具体例を挙げて解説していきますね。

❶恋愛&結婚⬇溺愛されながら、好きなことをして応援される

パートナーから連絡が来ないとき「なんで連絡してくれないの？」と聞く女性は多いですよね。でも、たいていの男性は連絡が取れなかった理由をちゃんと説明してくれます。その際、こんなやりとりになっていませんか？

「なんで連絡くれないの？」
「え、出張中は先輩がいるから連絡しづらくて」

「そういうことじゃないんだよ」

「え、先輩って男性だよ」

「私のこと全然わかってくれてないじゃん」


女性が本当に伝えたいのは、こういうことじゃないですよね。

理由を聞きたいのではなく、**「連絡してくれなくて寂しかった」という気持ちをわかってほしいだけ**なのです。女性は、その気持ちを素直に伝えてみましょう。


「連絡がしばらくなくて寂しかったな」

「あ、ごめん寂しい思いをさせて」

「うん、寂しいから連絡欲しい」

「わかった。これからちゃんと連絡するね」


ただし一回伝えただけではダメなケースが多いので、最低3回は続けてください。

そうすると、あなたが寂しさを感じないように男性から連絡してくれます。

ほかのことでも、あなたの素直な気持ちを伝えるほど、溺愛されていくでしょう。

そして、やりたいことを応援してくれるようになります。

❷子育て⬇口うるさく言わなくてもよくなる。可愛く思える

そもそも子どもにイライラするのは、親が言うことを聞かせようとしているからにほかなりません。世の中のお母さんは、自分の思い通りにならないから、いつもイライラしてしまうのです。

一旦、「子どもが言うことを聞かなくても大丈夫」と思うようにしましょう。

そして、**言うことを聞かせようとしている時点で、自分が疲れていることを自覚しましょう。**母親も自分の気持ちに素直になって、疲れたらまず休む。

子どもには「ママ疲れたから少し横になるね。ちょっと静かにしてほしいな」と伝えれば、静かに遊んでいてくれます。

子どもが騒がしかったり手がかかる場合、ベビーシッターを一度も利用したことが

ない人は、これを機に一度使ってみてください。

子どももプロと一緒に遊んだほうが何倍も楽しめるのです。

❸仕事⬇「できる人」として信頼され、収入が上がる

まずは、自分の業務の中で、苦手なことを洗い出しましょう。

そして苦手なことを少しずつ手放し、得意なことで貢献する環境を作るのです。

苦手なことを頑張るのは、実は周りにとってはいい迷惑。

素直に苦手だと伝えて、自分が得意なことを伝えていきましょう。

詳しい理由や方法は、私の既刊本『嫌なこと全部やめたらすごかった』『「私、ちゃんとしなきゃ」から卒業する本』（共にＷＡＶＥ出版）をぜひ参考にしてみてください。

私が営業職時代、一番嫌だったのが部下の教育。

ここで「部下の教育もできないなんて一人前じゃない」と思わず、「私の元にいるより、あの人の元にいるほうが絶対に輝く！」と伝えて異動してもらいました。

その前に営業成績を3倍にした実績もあってか、文句は言われませんでした。

結果的に、その部下のためにもよい異動でした。

このように、できないことを素直に伝えていくと、周囲がフォローしてくれます。

そのとき文句タラタラではなくて、素直に伝えることがポイントです。

④マウント女子⬇好き勝手しても憎まれず好かれる

ママ友でも、同僚でも、友人でも、マウントしてくる女性っていますよね。

そういう人に気を遣っていると、エネルギーが削られるばかり……。

でも、それはあなた自身がマウンティングを気にしているからです。

相手は自分の気持ちに素直なだけ。自慢してるなんてこと思ってないんですよ。

あなたが好き勝手したら、むしろ尊敬される存在になるはずです。

あなたも、素直に思ったことを言っていきましょう。

例えばその場が嫌だったら「今日は帰ります」と伝えて距離を置けばいいんです。

私の場合、とあるセミナーへ参加するためわざわざ海外まで行ったのに、みんなと行動せずに自分だけ部屋でゴロゴロしていたことすらあります。

そんなに好き勝手をしてるのに、私より稼いでいる主宰者から一目置かれています。**嫌われるどころか好かれて、尊敬される存在になっているくらいです**。（稼いでいる経営者でマウントしてくる人はいませんが）

自分の気持ちに正直にいることで、あなたのファンは確実に増えていきます。

❺目上の人や偉い人⬇可愛がられ、特別視される

目上の人に媚びを売っていたら、それはNGです。わかったフリもNG。それは自分の気持ちに素直じゃないですよね。そのまま伝えればいいんです。

「それってどういうことですか？」と。

私は、よくこの質問をします。もちろん立場や年齢などに関係なく。

疑問に思ったことを素直に相手に伝える。たったこれだけで**「自分の話を真剣に聞いてくれている！」と評価がとても上がります**。もちろん関係がうまくいきますよ。

でも、これは素直に疑問を持ったときだけ。
相手のために**ゴマをすると、そのエネルギーも伝わりますから要注意**です。

これらはほんの一例ですが、多くの女性が自分の本音を間違って捉えていることに気づいていただけたでしょうか。

ここまで読んでも「素直に言うことはダメ」「素直に言うことで相手を傷つけた経験があるから怖い」と思っている人は、本音を言い合う人間関係ができていないことが多いと思います。

また、素直なフリをして実は相手にマウントしたり、よく思われようと猫をかぶったりしているから、うっかり失言して相手を傷つけてしまうのかもしれません。

次章からは、実践的な会話や、人間関係の築き方などをお伝えしていきます。
メールやSNSで役立つことも紹介しているので、参考にしてみてくださいね。

第3章

願いを叶えるコミュ力6つのレッスン

Lesson① 一人目に本音を伝える方法

妄想をやめて自己開示の練習

「私、自己開示が苦手なんです」

「自己開示って何をしたらいいんですか？」

そんな声をよく聞きます。

自己開示のファーストステップは、「この人になら本音を言いやすい」という人を一人見つけるところから始まります。

いきなり大勢を前に自己開示しようとしても難しいため、**まずはたった一人の相手から始める**のがコツ。

そして、**徐々に本音レベルを上げていく**練習をしていきましょう。

ちなみに、私にとってのたった一人は夫でした。夫がいない人は、パートナーや親友、きょうだいなど、自分の今の人間関係の中から見つけてみましょう。

「私の周りにはいない」という方は、匿名のSNSアカウントを作り、そこで本音をつぶやいてみるのはどうでしょうか。

匿名の場なら、職場の同僚や友人、家族、近所の人のことなんて気にしなくても大丈夫。「いいね！」がついたり、受け入れてくれる人がきっと現れます。

私の講座でも同じような練習から始めていきます。まず少人数グループのスレッドを作り、所属してもらいます。ここでのポイントは、偽名でも顔出ししなくてもOKなこと。**誰にも自分の素性を明かすことなく、匿名で自己開示できる場**を用意しているのです。

講座内で好評なのは、「墓場まで持っていきたい秘密をぶちかますスレッド」、通称〝墓場スレ〟。どんなことが書いてあるかは言えませんが、自分にとって最大の秘密ですら、「こんなこと言っても大丈夫なんだ」「意外とみんななんとも思わないんだ」と気づけるプロセスが体験できます。

それでも「本音を言って嫌われたらどうしよう」と思いましたか？

第1章でもお話ししましたが、本音を言わないということは、相手を信じず、相手の器を小さいと決めつけている行為です。

相手がどう思っているか、相手がどういう人かなど、「相手」ばかり考えるのを一旦やめましょう。全部妄想ですし、ほぼ全部間違っています。

コミュニケーションミスやトラブルの9割は妄想。**相手が何を考えているかなんて、その相手にしかわかりません**。大切なのは、妄想をやめて、フラットに自己開示していくこと。妄想で自ら人間関係をこじらせるのはやめましょう。

さぁ、あなたにとってのたった一人は誰ですか？

3つの型を試す前に

よく婚活中の女性から「婚活がうまくいかないんです」と相談があります。

話を聞いてみると、やはりコミュニケーションの型を間違えている人の多いこと！

86ページでも書きましたが、その型とは「褒める」でも「笑顔で相槌を打つ」でもありません。そう、「①まず自分の話をする」「②素直に反応（リアクション）」「③疑問に思ったら即質問」でしたね。
①は100ページからの内容を参考にしてください。ここでは②③のコツをお伝えします。

かっこいいと思ったら「かっこいいですね」、背が高いと思ったら「背が高いですね」と口に出してみましょう。それは褒めるとか媚を売ることではなく、感じたことをそのまま伝えるだけ。

また、失礼なことを言われて「どういう意味なんだろう？」と思ったら、素直に「それってどういう意味ですか？」と相手に聞きましょう。

抱いた気持ちを素直に口にすることこそが、コミュニケーションの基本。
今はこう語っている私も、以前は間違えた型を使っていた一人でした。
男性に対して「すご～い」って言いまくってたんです、思ってもいないのに（笑）
そんなことをしているうちは、営業でもホステスでも婚活でも、まったく売れず、モテませんでしたが……。

それらを一切やめて、やる気のないときは動かない、面白かったら笑う、つまらなかったら笑わない……というように素直な気持ちで生きるようになったら、営業でもホステスでも売上が伸び、婚活ではモテるようになりました。

「思ったことを素直に言ったのに、うまくいかなかった」という方は、**本音のフリをしたダミーに引っかかっています**。
例えば91ページのように、彼氏に「なんで連絡くれないの？」と言ってしまうのは、本音のフリをしたダミー。
ここでの本音は、「連絡くれなくて寂しかった」のはず。

これをそのまま伝えたらいいんです！

こじらせ女子は、自分のことを放置して相手のことばかり考えすぎです。

「なんでこの人はこうなんだろう？」「なんでこんなことを言うんだろう？」と**相手の言動についてずっと考え続けていて、自分について考えていません**。

自分の今の気持ちってなんだろう？と常に考えられたら、「連絡くれなくて寂しいな」という素直な本音に気づけるはず。

人に対して「なんで◯◯なんだろう？」と思うことがあれば、まず自分がどう感じているのかに戻りましょう。

人のことなんて考えてもわかるはずがなく、時間がムダになってしまいます。

まずは、自分に意識を向けることから始めましょう。

〈ぴえん〉を極めて使い分け

コミュニケーションでは、自分の魅せ方も重要です。

私が編み出したとっておきの方法をお教えしましょう。

泣きたい気持ち〈ぴえん〉を表す絵文字「🥺」をご存知ですか？

icons by icon8（https://icons8.jp）

〈ぴえん〉を極めたら、人間関係はラクになります。

「あさぎさんは、どうしてそんなにたくさんの人に助けてもらえるんですか？」とよく聞かれますが、その答えも〈ぴえん〉を極めているからにほかなりません。


私はこんなときに発動させています。

「できない🥺」

「やりたくない🥺」

「助けて🥺」


なぜなら、**〈ぴえん〉を発動することで周りを喜ばせることができる**からです。

私が「助けて🥺」と伝えると、「あさぎさんでも人の力が必要なことがあるんですね。私にできることがあればやりますよ！」とたくさんの人が助けてくれます。


ここで間違えてほしくないのは、ウジウジしながら言う〈ぴえん〉はまったく響かないということ。

例えば、夫のモラハラに悩んでいる友人。
彼女が使う〈ぴえん〉は、相手に媚びたり、自分を弱者認定し「可哀想な自分オーラ」を出したものでした。
「あさぎさん〜、一緒に○○してほしい〜🥺（ウジウジ）」

これは私が言う〈ぴえん〉ではありません!!
そう思った私は彼女に「やり直し！」と告げ、彼女が真の〈ぴえん〉ができるまで特訓しました。

イメージしてほしいのは、漫画『ワンピース』のナミがたまに泣く〈ぴえん〉。
いつもは強いナミが「助けて……」と泣いたとき、ルフィは「当たり前だ!!」と燃え上がるんです。

強い女がたまに見せる弱さが可愛いわけで、ずっと弱い女はうざい存在になりがちなので注意しましょう。

「私、強い女じゃないし」とウジウジしてしまった方に伝えたいことがあります。

私が言う強さというのは、「素直に本音を伝える」ことです。
人は、素直に思ったことを伝えるだけで強く見えるもの。

きっとあなたから見て、私も強く見えていることでしょう。
それはもちろん、私が素直に本音を伝えられるようになったからです。
全てのカギは「素直に本音を伝える」こと。

ついウジウジしてしまう人は、どうか強くなってください。
婚活サバイバルドラマ『バチェラー・ジャパン』（プライムビデオ）を参考にしましょう。毎回、最終的にバチェラーを射止める女性はどんな人でしょう？　素直に本音を伝えられる強い女性ですよね。バチェロレッテとして主人公に選ばれる女性もそう。どんなに容姿端麗でも、ウジウジした女性はローズを受け取れず脱落していきます。

本当に欲しいものを手に入れたければ、**素直に本音を伝える強さ**が必要です。

もしあなたが今の方法でうまくいっていないと感じているなら、思い切って反対のやり方をやってみましょう。

特にいつも怒ってばかりの人は〈ぴえん〉を使うこと。

逆にいつも〈ぴえん〉をやってばかりの人は、怒ることをしないといけません。

さぁ、〈ぴえん〉の使い分けを味方につけて、本音を伝えてみましょう！

ハートと既読スルーを駆使

私がテキストコミュニケーションで心掛けていることはこちらです。

- 文末は常に絵文字
- できれば最低2個重ねる
- 「！」は使わない

ヘビロテしている絵文字は、「😍」「🥺」の2つ。

スタンプもハートがふんだんに使われているものを使います。

意外かもしれませんが、私は絵文字を多用するタイプなのです。

なぜなら、そのほうがコミュニケーションが円滑に進むから。

絵文字をつけないと、怒ってるように感じませんか？

例えば何かお願いするとき、「コレやっておいてほしい」と「コレやっておいてほしい🥺😍」とでは、印象がまったく違いますよね。

ハートの絵文字やスタンプを嫌う女性も多いですが、絶対に使ったほうが効きます。

自分に好意がある人を嫌う人なんていないんですから！

私は男性にも女性にも「大好きです〜🥺😍」と伝えますし、相手も「あさぎさんって私（俺）のこと本当に大好きなんだな！」と思っていることでしょう。

「男性にハートを使うと勘違いされませんか？」と聞かれますが、勘違いじゃないです。本当に大好きなんですから。

もしこれが勘違いになるとしたら、なぜ好きでもない人と会ってるの？時間を使ってるの？という話になります。

仮に「あさぎさん、今度2人でご飯行きませんか？」と誘われて、乗り気じゃない相手だったら行かなければいいだけです。


断るのが怖い場合やめんどくさい場合は、既読スルーをしたらいいのです。

みなさん真面目に「返信しなきゃ！」と思い過ぎです。

もっと既読スルーを多用しましょう。


どうしても何かしたかったら、返信の代わりにスタンプやリアクション機能を使いましょう。

ちなみに私はお誘いを断ったことがありません。

というのも既読スルーの達人だからです。もう一回〝追いＬＩＮＥ〟が来たとしても、気が乗らなかったら何十回でも既読スルーします。

かといって、1年後にその方とご飯へ行きたいと思ったら、こちらからお誘いすることもあります。みなさん喜んでご一緒してくださいますよ。

スマイル0円、大好きも0円

先ほども書きましたが、私は口頭でもテキストでも、相手に「大好きです🥺😍」と伝えます。みなさんも普段から男女関係なく、友達や周りの人にも「大好き」を伝えてみましょう。

好意の出し惜しみをする人が多いですが、素直に気持ちを伝えることは得しかしません。誰でも、自分のことを大好きな人には優しくしたいし、紳士的に振る舞いたくなるものです。

人にとって一番怖いのは、相手に嫌われること。

考えてみてください。もともとなんとも思ってなかった人に嫌われてもダメージは少ないですが、自分のことを大好きだった人に嫌われたら、ものすごいダメージを負うと思いませんか？

だから、こちらから愛を伝えて「自分のことが大好き」というカテゴリーに入れておいてもらえれば、その人から嫌われる心配はなくなるんです。

マクドナルドの「スマイル0円」みたいに、「大好きも0円」と考えてください。

大好きだけでなく、可愛い、かっこいい、すてきなど、思ったことは全て素直に伝えておきましょう。

無料で有料級のリターンが返ってくるのに、出し惜しみをする人が本当に多い。

出し惜しみでコミュニケーションがうまくいっていないことに気づきましょう。

Lesson②「聞き合い」を進めるコツ

聞き合いの第1ゴールは？

「夫と意見が合わずに喧嘩になります」「話し合ってもムダなんです」という声をかなり多く耳にします。

よくよく聞いてみると、**「話し合い」と言いながら、「意見の押し付け合い」をしているにすぎません**。意見をぶつけることは「話し合い」ではありませんよね。

例えば、「夫に食器洗いをすぐしてほしい。どう伝えたら夫はそうしてくれるようになりますか？」というケース。

たいていの人は、なんとか相手を説得しようとするでしょう。

しかも喧嘩腰で（笑）。身に覚えはありませんか？

自分の希望を通し、相手に動いてもらうために大切なことは、相手に自ら「そうしたほうがいいな」と思わせること。

こちらが希望を言ったからではなく、言われた本人が自発的にやりたいと思わない限り、何もやってくれません。

1～2回なら、イヤイヤな態度でやってくれるかもしれませんが、これでは根本的な解決にはなりませんよね。そうではなく、**相手が自発的にやりたくなる環境、状況を作ることが第1ゴールです**。

そのためには、相手がどうしたらそういう感情になるかを考えること。

また、相手の話を聞かないと、相手の気持ちを動かすことはできません。

こういう場合は、自分が伝えるのではなく、相手がどう思っているかを聞いてみましょう。

私は「話し合い」という言葉を使うから、「自分がどう話したらいいか」「どう伝えたらいいか」ばかりにとらわれてしまうのだと思います。そうではなくて、「どうしたらあなたはやってくれますか？」と聞いてみてください。そしてお互いに「こういうのはどう？」「ああいうのはどう？」と聞き合ってみましょう。

何度も言いますが**「話し合い」は「聞き合い」**なのです。

今日から、聞き合いを意識してみてくださいね。

試した女性たちから「パートナーシップが改善した」という体験談がたくさん届いているので一部ご紹介します。

A子さんの体験談：友人との海外旅行

以前、夫に「友人と海外旅行したい」と伝えると、夫から「何のために行くの？誰と行くの？　それはちょっと……」と言われました。それを聞いてすぐ「反対された！　行きたいのに行けない！」と思い込んでしまいましたが、冷静になって聞き合いを開始。夫は「宿泊先」「誰と一緒に行くのか」「飛行機の詳細」など、不明点が多くて不安だった様子。**1つひとつ夫の不安を解消**すると、行けることに！

意見の違うことを話し合うときには、「自分がどうしたいか」ではなく**「相手が何を知りたいのか、どうしたいのか」**を聞き合うのが重要だなと実感しました。

B子さんの体験談：義実家への帰省

義実家への帰省が嫌すぎて、せめて日帰りか1泊におさめようとして全力で夫を説得しようとしました。でも、どんなに話し合っても毎回罵り合うだけで平行線。義実家に関わる話になるたびに揉め、夫婦の溝は深まるばかり。

その後、素直に細かく聞き合いをしたら、お互いに「相手の義実家には行きたくないけど、仲の悪い夫婦だと思われたくないから頑張って行かなくちゃ」と思っていただけだったことが判明。

世間体のためだけにこんなに頑張って疲れるなんて、もったいなさすぎるからやめようということに。

結局、長期休暇中は二手に分かれてそれぞれの実家に帰ったり（やってみたら家族水入らずの時間を過ごせるので、どちらの実家からも喜ばれた！）、義両親と会うのは「行きたい」と感じたときだけに。

ムリして義実家に帰省すること自体がなくなりました。

ムリをしなくなると、あんなに苦手だった義両親のことも「優しい！　ありがたい！」と心から思えるようになって仲良くなれたり、**お互いに我慢の押し付けをやめた**ことで夫婦仲が深まったりと、いいことづくめな結果になりました！

C子さんの体験談：会話が皆無の夫婦関係

2年ほど体調不良を我慢していたけど、なかなか「心療内科に行きたい」と夫に言い出せず。限界がきて夫に話したことが、夫婦のターニングポイントになりました。

私は「話し合う」ことばかり意識していたから怖くてうまくいかなかったと気づき、意見を「聞き合う」にチェンジしてみたら、夫は「なんで早く言わなかったの」と心配してくれてビックリ。

それに対して「心療内科なんか行くなって言われると思ってた」と答えたら、「早く行けって言うに決まってる」と言ってくれました。

それまでは会話が皆無で、当時5歳の長女に「なんで、お父さんはお母さんにだけ冷たいん？」って言われるくらい冷え切って、離婚届を投げつけられたこともあるくらい最悪の夫婦関係でしたが、激変して今では夫婦関係が超良好！

「説明しよう、頑張って話そうと構えるからこじれる」「**相手の意見を軽く聞いてみる、これだけでいいんだな**」と今は思えています。

否定されたと感じたら

誰かに本音を伝えたとき「反対された」「否定された」……そんな経験はありませんか？　でも、よく考えてみてください。本当に否定されたのでしょうか。

例えば、あなたが「洗濯、したくないな」と夫に本音を伝えたとしましょう。すると夫に「じゃあ誰がするの？」と言われました。このとき、あなたはどう思うでしょうか？　きっと「否定された！　やっぱり私がやるしかないんじゃん！」と思うのではないでしょうか。

ここで**「じゃあ誰がするの？」という言葉を素直に受け取ってみてください**。

彼は「どうする予定なの？」って質問しただけ。

単なる疑問を投げかけただけで、責めたのでも否定したのでもありません。

以前、「仕事を辞めたい」と夫に本音を伝えた女性から「夫に反対されました！」という相談がありました。

「旦那さんになんて言われたの？」

「次の仕事決まってるの？って聞かれました……」

「それ、どうする予定なの？って聞いただけだよ。あなたはそこで、次の仕事が決まってないと辞めちゃいけないんだ、反対された！って感じたのだと思うけど、それは妄想だよ」

旦那さんは普通に質問しただけなのですから、その質問をストレートに受け止め、そのままストレートに返せばいいだけだったのです。

次の仕事が決まってないならそう答えたらいいし、「なんで？」と聞かれたら、理由や状況を答えたらいいだけです。

そう教えると、彼女は改めて旦那さんに「働くのが嫌になったから、仕事を辞めるね」と告げ、「そっか、それでいいと思うよ」と受け止めてもらえたそうです。

妄想が得意な女性たちは、言葉を自分で変換して受け取りがちです。

身に覚えがある方は、今日からストレートに素直に受け取ってみましょう。

怒ってなくて寂しいだけ

何かを反対されたとき「相手に怒られた！」という相談もよく受けます。

「怒りは二次感情」とよく言われているのですが、特にパートナーシップでは、**「怒り」の奥に「寂しさ」や「愛されたい」という可愛い感情が隠れている**ことが多いものです。

例えば「夫から、外出しすぎと怒られた」という相談。

これは要するに夫への「かまい」が足りていない、ということでしょう。

まずは相手が「寂しがっているんだな」ということを察して「寂しい気持ちにさせちゃってごめんね」「あなたのこと大事に思っているよ」「大好きだよ」ということをたくさん伝えましょう。

すると相手は冷静になって、「やっぱり行っていいよ」となるものです。

結局相手は不安なだけなのです。

怒っている人は、基本的に不安を抱えています。

よくある「○○したら離婚だよ！」という常套句も同じこと。

ですから「あなたのこと大好きだから離婚は絶対に嫌！　だけど、私は○○したいの！」と、相手の怒りの奥にある寂しさや愛されたい欲をしっかり満たす言葉を添えてから、自分の思いを伝えましょう。

一段上の愛のレベルへ

最近の私は**相手に大激怒されても、その相手のことを「可愛い」と思ってしまいます**。だって、そんなに怒るほど私のことが大好きで、私にかまってほしいってことですから！

怒っている人は一生懸命「かまって！」「寂しい！」と伝えてきているんです。

そう思ったら、とても可愛くないでしょうか。

自分が怒っているときも同じこと。本当は寂しくてかまってほしいだけ。
このことを覚えておくと、人が怒っているときは「この人、こんなに私にかまってほしいんだ」と、可愛くしか見えないですし、自分が怒ってしまったときは「私ってこんなにかまってほしかったんだ、恥ずかしい〜」と、自分のことを愛おしく可愛く思えるのでおすすめです。

繰り返しになりますが、怒っている人は不安なだけ。
かまってもらいたくて、すねているだけ。
どうか、その可愛い気持ちに気づいてあげてくださいね。

Lesson③ 自己犠牲センサーをチェック

「悪い人がいる」と教育されてきても……

「世の中には悪い人がいっぱいいるから、簡単に人を信じてはいけません」

親や学校、ニュースから、こう教えられて育った人は多いことでしょう。

その結果、**愛を注ぐことを怖がり、人を信じてはいけないと思い込んでいる人がとても多い**ように感じます。

例えば、「彼氏に騙された！」「信じていた人に裏切られた！」という経験、あなたにもあるのではないでしょうか？

理解しにくいかもしれませんが、「騙された」「裏切られた」と思うのは、相手を信じていない証拠かもしれません。

なぜなら、相手のありのままを受け入れるのではなく、自分にとって都合のいい理想像を勝手に作り上げてしまっているからです。その理想像と違った部分が見えたときに、人は「騙された」「裏切られた」と思ってしまう――。

この話をすると「愛を注いでも離れて行かれたら悲しい」という人がいますが、そうやって**疑っているから離れて行かれるケースもあります**。「愛を注いだら、この人は倍返しにしてくれる」と信じきれていないことが、エラーの理由です。

一旦、全ては自分の問題、と思ってみると変わっていきますよ。

脱・悲劇のヒロインモード

間違えていけないのは、愛の注ぎ方です。

自己犠牲で愛を注ぐと、「こんなに愛を注いでいるのに返ってこない」と悲劇のヒロインモードに入ってしまいます。

そのモードの人を観察してみてください。

彼女たちは、聞いてもいないのに妄想で相手が「こう思っているだろう」と考え、自己犠牲をして、相手に合わせたり尽くしたりしています。

決め台詞は、「私はこんなにあなたに合わせて尽くしているのに、あなたは全然私に合わせたり尽くしたりしてくれない、ひどい！（涙）」

最初からムリしなければ、「私はこうだけど、あなたはそう思うんだね！」で終了です。

肝心なのは、「これは自分にとって自己犠牲に当たるのか？」という判断を明確にし、自分にとって何が幸せかを感じる感度を上げること。

自分の自己犠牲センサーを敏感にすることで、「騙された」「裏切られた」と思うことは確実に防げます。

「捨てられるのが怖くて、付き合うまで身体の関係はＮＧ」というのも同じです。

自分がしたいタイミングじゃないのに、男性に決定権を委ねて、自己犠牲で身体を許しているから「身体を許してから連絡が来なくなった……」「私たちって付き合ってるのかな……」というような悩みが発生するのです。

その答えはシンプル。付き合う前だとしても、自分がしたかったらする、したくないならしない。以上です。

もっと自分本位で生きていきましょう。

自己犠牲をエサにして男性を釣ろうとするから、捨てられたと悩むのです。

自分の本音に素直になって生きれば、そんなことで悩むことはなくなるはずです。

愛は自分が注ぎたいときに、注げる分だけでいい。

自分ができる範囲で最大限の愛を注げばいいのです。

私の場合、自分のためにならない愛の注ぎ方は一切しません。

「あさぎさんって本当に愛の人ですね！」とよく言われますが、私は相手のためではなく、完全に自分が得をするためにしているだけなのです。（ただ、その結果が相手のためにもなっているとは思っています）

自己犠牲センサーを敏感にして、悲劇のヒロインモードから脱しましょう。

我慢しているあなたは嘘つき

我慢上手な人は、とても嘘つき、ということを自覚していますか？
つまり世の中の大半の人は、毎日嘘をたくさんついて生きているのです。
私は常に、誰に対しても本音しか言いません。

この話をすると「自分の素直な本音がわかりません」「素の自分ってどういうことですか？」と聞かれますが、家族に対する自分の態度を振り返ってみてください。

きっと**親やきょうだいに対しては、素の自分で本音を話しているのではないでしょ**

うか？ なかでも子どもに対しては、かなり素で接しているはず。

家族にならら、何かイラっとすることを言われても、「は？　何それ？」「そんなこと言わないでくれる？」とその場で瞬時に返せますよね。

その状態が、嘘をついていない本当の自分の姿です。

その状態で誰とでも接してみましょう。

「家族に接する態度を外で見せるなんてムリ！　だって私、完全にジャイアンみたいなんですけど〜！」という方、それでいいんです！

もう降参してください。あなたはジャイアンなんです。

しずかちゃんのフリをするのはやめましょう。

ジャイアンとして、素直に本音で生きていきましょう。

Lesson④ 自分の前提を覆そう

もっと気軽に謝れば、怒られない

謝ることをすごく悔しいことと捉えている人って多いですよね。

私はそんな方々を見ては「もっと気軽に謝ったらいいのに」と思っています。

「謝るだけで許されるなんて、ラッキー♪」くらい気軽になりましょう。

「お醤油取って」のテンションと勢いで謝りまくったらいいのです。

例えば、私が娘を日本の保育園に通わせていたとき。送り迎えは基本的に夫がしてくれていました。夫担当の日は時間通りに登園できていましたが、問題は夫が会議などで早く出社してしまう場合。いつものタイムスケジュール通りに物事が進むわけがなく、私は11時に起きてダラダラ準備して12時くらいに登園させていました。

すると保育園の先生から、「あの～、もうちょっと時間通りに来ることってできますか？」って言われてしまうんですよね。

私は毎回、「すみません～。そうですよね、迷惑ですよね、本当にすみません～！」と絵に描いたような平謝り。

すると先生たちからは、「……でもまぁ、お母さんも大変ですよね」で終わり。

このように、誰かに注意されたら、まず全力で謝りましょう。

ひとこと目に**「ごめんなさい」と謝れば、問題は秒速で解決**するんです。

ふたこと目は「**相手がこちらに言いたいだろうこと**」を先に言えば、たいていすんなり終わります。

なので、そんなに深刻にならずに、もっと気軽に謝ってみましょう。

クレームはマイナスなだけじゃない

クレームを言われたときも同じです。

まず「不快な思いをさせてすみません」と謝りましょう。

自分の悪気の有無はさておき、相手が不快な思いをしたことは事実。

悲しい思いをさせてしまったのだから、一旦謝罪することが大切です。

それから相手の話を聞きましょう。

私は、相手の「こうしてほしい」「ああしてほしい」という内容が、確かにそうしたほうがいいかもと思えば、「本当ですね！　いいアイデアありがとうございます！」と採用しますし、難しいものであれば「それは難しいですね～」とハッキリお伝えしています。

講座生からも何か批判的な意見をもらったときは、それを一旦考えてみるようにしています。それをそのまま採用できないときも、相手に不満があることは事実なので、何か別の方法でその不満を解消できる方法はないかなと考えます。

ここまで読んで、勘のいいあなたはお気づきのことでしょう。

私と多くのみなさんとでは、そもそも前提がまったく違うということに。

あなたはクレームという単語を、いい意味と悪い意味どちらに捉えていますか？

私は、アドバイスやアイデアと捉えています。

クレームとは、よりよい意見を出してくれるもの。

そう、いいものなんです。

「改善の余地がある」と気づけることは、ありがたさ以外の何ものでもありません。

前述した通り、そのアイデアがすてきであれば採用するし、そう思えなかったら不採用にする。ただそれだけの話です。

怒られた?ただお願いされただけ

もう1つ前提の話をすると、私が海外で暮らしてわかったのは、「**日本人は怒られる前提で行動しすぎ**」ということです。

だいたい、相手が本気で怒ることはそんなにないので大丈夫です。

こんな話をご存知でしょうか?

日本人は「これをやっていいですよ」と言われたこと以外はやっちゃダメと思っていて、外国人は「これはやっちゃダメ」と言われたこと以外は全部やっていいと思っているそうなんです。

そもそもの前提がまったく違いますよね。この差は相当大きいと思います。

海外のアイスクリーム屋さんでは、親が子どもを抱っこして、ショーケースに靴のまま持ち上げ「どれにする〜?」と一緒に選ぶのが日常の光景。

店員さんはニコニコしながら「どれにする〜？」って聞いてくれるし、ほかのお客さんも怒り出す人は誰もいません。

これが日本だったらどうでしょう。

きっと店員さんから「あの、ここには乗らないでいただけますか」って怒られるし、後ろのお客さんから「早くしろよ！」「どこに乗ってるんだよ！」という声が飛んできそうです。


でも実際は、この店員さん自身がショーケースに乗らないでと思っているとは限りませんよね？ そうしないとほかのお客さんや上司から怒られるので言っている場合がほとんど。

日本では「怒られるフィルター」の感度が強すぎて、先手先手を打って、なんとか怒られないようにと毎日を過ごしている人が多い気がします。


わが家の場合、私は子どもたちをまったく怒りません。

店内で走り回ろうが、エレベーターのボタンが押せなくて癇癪を起こして大泣きしようが、「ボタン押したかったんだね〜ごめんね〜」と娘の意思を尊重するだけ。

一方、私の母は怒られる前提で生きています。

以前、母と一緒に出掛けた際、私の娘が「エレベーターのボタン押したいモード」になり大暴れ！　エレベーターを出た後、母から「周りのみんなが白い目で見てたね」と言われてビックリ！　というのも、私の目には、周りはあたたかい目で見守ってくれているようにしか見えなかったのです。

このように、怒られる前提のフィルターが掛かった人は、被害者意識が強い世界で生きてしまっています。

もし「怒られた」と思った場合、今日からは**「お願いされた」「教えてくれた」と思ってみてください**。

私は禁止エリアとは知らずに電子タバコを吸ってしまったとき、「ここで電子タバコを吸うな！」と言われた際も「そっか〜教えてくれてありがとう」と素直に感謝を伝えました。

怒られたのではなく、お願いされただけ、教えてくれただけ。

お願いされたら「しょうがないなぁ♡」と聞いてあげましょう。

本音で生きる人と過ごしてみる

自分ではあまり自覚がありませんが、私と一緒に行動した人は「そんなことしても怒られないんだ!?と驚く人が多いです。

その理由は、私がかなり堂々としているからでしょう。

人は「堂々としている人のほうが正しい」と思い込むもの。

「この人の世界ではこれが常識だからしょうがないな」と、受け入れざるを得ないんです。


とはいえ、みなさんの近くに、私のように本音で生きる人がいるとは限りませんよね。本音で生きる人の世界に手っ取り早く触れたいなら、海外に行ってみるのがおすすめです。

特にお子さんがいる人は、子連れで行ってみましょう。

海外の母親と子どもが、どれだけ自由に過ごしているかが体感できるはず。

日本は怒られることに対して敏感すぎるし、注意事項がかなり多い国だと思います。

あちこちに「あれはしないでください」「これはしないでください」と張り紙がありますよね。


ぜひ、違う世界に触れてみましょう。

現地で、日本と海外の「前提の差」を感じてみてください。

きっとあなたの前提がガラガラと崩れていくことでしょう。


そして「海外が前提としていること」をそのまま日本に持ち帰り、そのスタンスのまま過ごしてみてください。

ただの海外旅行ですまさず、いいことは少しずつでも取り入れていきましょう。

Lesson⑤ 常に素で外に出る練習

仮面や鎧を外すほうがモテる

裏表がない女性ってすてきですよね。

彼女たちは、オープンマインドで生きているからこそ、魅力的だしモテるんです。

日本人特有の愛想笑いや作り笑顔は、相手から「心を開いてくれていない」と思われ、裏表ある人間に見られてしまうので要注意です。

仮面や鎧の奥で生きるのはやめにしましょう。

「裏表のない本来の自分の姿がわかりません」という方は、先ほどもお伝えした通り

「家族に対する自分の態度」や「赤ちゃんに戻った自分」を想像してみてください。

もともと、人間は素直な生き物。

生まれたときの私たちは、愛想笑いなんてしないし、人の目なんて気にしない。

裏表なんてまったくないのですから。


とはいえ、まだ心がザワザワしている人も多いことでしょう。

130ページの「家族の前ではジャイアン」と自認している人のように、「家族の前の自分のまま、外の世界でも生きていくなんて絶対にムリ！　死んじゃう！」と思っている人は多いですが、大丈夫、生きていけます。

だってほら、私が生きてますから！


そんな自分を見せても別に嫌われないのに、頑張って仮面や鎧を付けて生きている人はいったいどれだけ多いでしょう。

私は、仮面や鎧を脱いで本音全開で生きられるようになった女性たちをたくさん見てきました。彼女たちも生きているから大丈夫です。

さぁ、あなたも裏表のない自分を目指しましょう。

先に信頼して倍の信頼を受け取ろう

誰だって最大級に愛を注がれたら、相手のことを大好きになって愛しちゃうと思いませんか？　とんでもなく愛されたら、その人のことを愛して信頼してしまうもの。

注いだ愛は全部、倍になって返ってくるものです。

注いでも注いでも注ぎすぎということはなく、ちゃんと戻ってきます。

でもたいていの人は、そのことを信頼できていないから、本当の意味での優しさを与えたがらない。相手の器を小さく見積もるから、うまくいかないんです。

こんなことを思ったことはありませんか？

- 食事の割り勘は嫌！
- 高いプレゼントはあげたくない！

●自分ばっかり家賃を払うのは嫌！

なぜこんなことを思うかというと、本当に返ってこなかったら嫌だから。

そのため出し惜しみをしてしまうんです。


私が男性にも女性にもモテる理由は、愛や信頼を出し惜しみせず、自分が注げる限り注ぐからでしょう。その結果、愛や信頼という形で返ってきているんです。

愛や信頼は注いだ分しか、倍になって返ってきません。

自分が出し惜しみしているから、返ってこないだけ。

褒め言葉も愛の言葉も、全部そうです。もっと相手の器を信じましょう。

大切なのは、

「注いだ愛や信頼は必ず返ってくる」

というマインドで生きることです。

言いにくいことこそ全公開

当社のスタッフの報酬は、直接本人に「いくらがいい？」と聞いてから決めるようにしています。この話をすると驚かれることが多いのは、それくらいお金のことや言いにくいことをタブー化したり、先延ばしにする人が多いからですよね。

先延ばしにしているから、ある日ついに噴出したりバレたりして問題になるんです。

断言します。言いにくいことやバレたくないことは、絶対に先に言ったほうがいいですよ。

前述したように、私は人に文句を言われたり、アンチにＳＮＳでヒソヒソ言われる前に、自分から公開することを徹底しています。

私は美活として、整形や豊胸をしていますが、それだって全公開。

そうしようと決めたのは、私の２冊目『「私、ちゃんとしなきゃ」から卒業する本』（ＷＡＶＥ出版）の出版が決まった頃。

昔のセミナーに来てくれた講座生がネットの掲示板に、「小田桐あさぎは昔、渋谷の男性向けショップで私物を売っていた」と書き込んだときのことでした。

もちろんアンチたちは大盛り上がり。

そのとき私は、「なんであの人は、こんなこと書き込んだんだろう？」と不思議に思ったんです。彼女はきっと「あさぎさんはこれを知られたくないはずだ！　ダメージを与えられるはずだ！」と思ったのでしょう。

でもあえて隠してたわけではなく、ただただ言うタイミングがなかっただけ。正直、まったくのノーダメージでした。

全ての出来事を人に知られてもいいけど、私の全てを伝えるには限界がある、と思った私は2冊目の本に、ほかにも私が人に知られたくないと思われているだろうことをできるだけ書くことにしました。

- 入浴は週1で、洗髪はお湯だけ
- 使ったティッシュすら自分で捨てない

● 洗濯は下着のパンツのみ
などを堂々と全公開。今もSNSで最新情報を更新し続けています（笑）

隠すほど後から問題になり、コソコソ、ヒソヒソ言われるもの。
あなたも、大丈夫！と思って全公開してみましょう。

正々堂々としていれば「そういう人なんだ」と周りは受け止めてくれるものです。

あなたが気にするほど、みんなあなたに興味がありません。
正々堂々としていれば、みんな人の幸せや生き方にとやかく言ってきません。
どんなことをしていたって、正々堂々としていればいいのです。

人への恐怖心がある人は……

ここまで読んでくださった方の中には「やっぱりまだ人を信じるのが怖い……」という方もいると思います。

もちろん、いきなり「全員を信じよう」「全員に本音を言おう」としてもそれはムリな話だと私もわかるので、焦らなくても大丈夫。

繰り返しになりますが、まずは「この人の前では素でいられる」という人を見つけて、一歩踏み込んで信じてみること。

そしてその人数を2人、5人、10人、100人、1000人……と徐々に増やしていきましょう。

「あさぎさんは、もともとすごく強い人だったんでしょう?」と思われがちですが、もうお忘れですか?　私は小学生の頃、おとなしかったんですよ。

昔から本音を言えていたわけではありません。

売れっ子のインフルエンサーも、最初の投稿は仮面や鎧をまとっているもの。

私のブログだってそうです。ぜひ最初の投稿を読んでみてください。

きっと今との違いに驚き、安心してもらえることでしょう。

仮面や鎧を外すには、次のことが大切です。

●「こんなこと言ったらアンチコメント書かれるかな」

というような怖い1文を少しずつ足してみる

●「こんなこと書いたらファンが離れちゃうかも」

というような、自分にとってきわどいことや怖いテーマで書いてみる

これを毎日繰り返していくうちに、「こんなこと書いても大丈夫なんだ！」と気づき、「次はこんなことを書いてみよう」と枠を広げていくことができるのです。

最終的には、**「どんなことを言っても何も怖くない」と思える境地にたどりつく**でしょう。

Lesson⑥ 見た目への意識を磨こう

これも実効性あるコミュ力の1つ

外見は眼にみえる内面であり、コミュニケーションツールです。

すてきなイケメンには優しくしたくなりませんか？　女性も同じです。

あなたがきれいで美しくしていれば、周りはあなたに優しく接したくなるもの。人に優しくされる一番の近道は、自分がきれいでいることです。

著書やSNSなどで何度も強調していますが、私自身、ここ数年で見た目に関する意識を変え、美活を始めてから、人からの扱いや見える世界がとても変わったことを実感しています。

街を歩いていたら道行く人に振り返られたり、過去に仲が良かった人からも「久々に会ったら可愛くなってる！」と優しくされることが増えました。

つい先日も韓国の美容院と歯医者で、「芸能人ですか？」「歌手の方ですよね!?」と勝手に勘違いされて、割引やサービスを受けました。違うと何度も伝えたのですが。

人間は誰しも得をしたい生き物。「この人といると自分は得をしそうだな」と思う人には、優しくせざるを得ないのです。

特に、美しいものとお金に勝るものはないようです。

それゆえ私は美活に精を出し、毎日ブランド物を身につけて生活するようになりました。


「美貌」と「お金」は、人間界での強さの象徴なのだと感じています。

動物界では、一番強いオスが一番モテますよね。

人間も哺乳類なので、強さというならば「足の速さ」もそうかもしれませんが、私たちがどんなに足の速さを発揮しても現代で得することは少ないでしょう。

そうではなく、強さを現代の人間社会の指標に言い換えるなら……まずは「美貌」ではないでしょうか。

あなたも強い女性を目指して、「周りからの扱われ方」というコミュニケーションを変えてみませんか。

今すぐ地味な服を脱ごう

「強い女性を目指すファーストステップは？」とよく聞かれますが、私のおすすめは見た目を派手にすることです。

比較的すぐに取り入れやすいのはこのあたりでしょう。

コツは体の表面積の広いところから始めること。

- カラフルな服、派手めな服を着る
- 美容院でヘアスタイルを整える（明るめのカラーにするのも◎）
- メイクをコスメカウンターで教えてもらう
- サングラスをかける
- ハイブランドのロゴ入りストールを身につける

日本の女性はファッションからして地味すぎます。

日本を代表するブランドと言えば「ＵＮＩＱＬＯ」と「無印良品」。

このあたりは、どんなに品質がよくプチプラでも、美活という観点では避けるのがベターでしょう。

そもそも地味な服を着ていて、美人に思われたいなんておこがましいと思いませんか？　強めの美人に見られたいなら、派手さの力を借りましょう。

さぁ、今すぐクローゼットをチェックしてきてください。白、黒、グレーばかりではありませんか？　**あなたが取り入れるべきはカラフルさです**。

特に年齢を重ねれば重ねるほど、原色を身につけるほうが若く強く見えます。
また、派手さでいえば、ボディラインの見える派手な服を着て、サングラスをかければ、プチプラでもセレブ風に見えますよ。

お金をかけるなら、肌・歯・ボディラインなど、本質的なものに課金することをおすすめします。

世の中には、同じウェイトレスの胸がAカップとCカップの場合、Cカップのほうがチップの額が3倍違うという実験結果もあるそうです。

高額な課金が難しい場合は、まず下着屋さんで胸の採寸をしてください。そしてちゃんとしたブラを身につければ、2カップくらいすぐにサイズアップするはずです（私は豊胸をしましたが、本当によかったと実感しています）。

「ネイルはどうですか？」と聞かれますが、面積が小さいので、私はあまり推奨していません。

自分の外見を整えることは、「私はこんな人」というのを一瞬で伝えられる、最強のコミュニケーション手段。

1時間～数時間でできることがたくさんあります。

これがめんどくさいという人は、外見すら変えられないのに内面を変えるのはもっと大変ですから、人生を変えるのは難しいかもしれません。

同性に目をつけられたら？のお作法

見た目の話をしていると、このような質問が飛んできます。

「美活を始めたいのですが、同性に敵を作らないか心配です」

「会社の上司に何か言われそうで不安です」

きれいになったほうが、男性からも女性からもチヤホヤされることでしょう。

しかし、世の中にはそれを許せない女性もいますよね。

まず、そんなふうに**こじらせている女性とは付き合うのをやめましょう**。

そもそも自分が時間と労力をかけられる人の数なんて限られているのに、そんな人と付き合っている場合でしょうか。

あなたの大切な時間と労力は、あなた自身とあなたの大切な人にだけ注ぎましょう。

美活をして自分の魅力を積極的に出していったとき、相手がどういう反応をするかで、「自分がこれからも大切にしていきたい人」なのか「距離を置きたい人」なのかが明確になります。**人間関係を整理する基準**にもなるのでおすすめです。

そんなことよりもまず、また人の目を気にしてしまっている自分に気づいてください。周りの目を気にせず、堂々と美活をしていきましょう。

この章を読んでモヤモヤした人は、第2章に戻って復習してみてくださいね。

第4章

嫌な人が勝手にいなくなる極意

「苦手な人とはムリしない」が大前提

ありのままでいられる? いられない?

コミュニケーションを語る上で、忘れてはいけないこと。

それは「**ありのままの自分でいることが、全てのコミュニケーションの基本**」ということです。逆に言うと「この人といるときは、ありのままの自分でいられない」と思う人とは、距離を置いておくのがいいでしょう。

大切なのは「この人の前でなら、ありのままの自分でいられる」という人を見つけ、その人の前で「ありのままの自分でいる練習」を何度もして、その人数を増やしていく。その積み重ねです。

声を大にして言いたいのですが、多くの女性は、ありのままの自分でいられない相手に対して、労力と時間を割きすぎです。

「そうは言っても、どうにもできない関係もあるし、お付き合いも大事だし……」なんて声が聞こえてきそうですが、それは意識の問題と練習しだいです。

具体的には、

- 職場では、苦手な人と関わらずにすむ方法を考えたり、上司にお願いしてみる
- ママ友で苦手な人がいる場合は、なるべくソロ行動をとる

そういうことの積み重ねなのです。

私が日本にいたとき、もともと友達がママだった場合をのぞいて、いわゆるママ友というのは6年間でたった2人しかいませんでした。

しかもその2人も、娘がその人の子ととても仲が良かったから、というだけ。

「連絡網から外されたら困るから」と、苦手なママ友とも嫌々付き合ってる人がいる

ようですが、私は連絡網で困ったことも、ママ友が少なくて困ったことも、一度もありませんでした。

みんなと仲良くする必要なんてないので、大丈夫です。

常に本音で話せる人を増やしていく

家族以外で自分の本音を話せる人がいない場合も、やっぱり周りに1人見つけるところから始めてみましょう。

「本音を話せる人はいない」と決めつけている人もわりといるのですが、そう決めつけていたら、当然いないままです。

人生はあなたが心底願っている通りにしかなりません。

本音を話せる人が欲しいなら、「そういう人は必ずいる、必ずみつかる」と信じてください。絶対に出会えます。あるいは、もうすでに近くにいるかもしれません。

そして少しずつでいいから、安心して本音を伝えられる人の数を増やしていきましょう。

増やしたいのは、**「一時だけ本音」ではなく「常に本音」**でいられる人です。

常に本音とは、常に素であるということ。

家族といるときと変わらないくらい気を許した状態で、誰とでも接することができるのが最終目標です。

大切な人との時間をしっかり優先

苦手な人の見分け方は、「自分がありのままでいられない人」でしたね。

「自分が心地よくいられない相手」と言えるかもしれません。

嫌な人とどう付き合っていこうか、ということで悩んでいる人も多いようですが、そもそも嫌な人と付き合おうとするのをやめましょう。

そんな人とどううまく付き合うか、ということに苦心する時間なんて、私たちにはないんです。そんな人に大事な資源を割いている場合ではありません。

そのせいで大切な人との時間が減ってしまうなんて、とてももったいないことだと思いませんか？

やることの優先順位を考える人は多いと思うのですが、**人付き合いの優先順位もぜひ考えていきましょう**。

あなたが人生で使える時間には限りがあります。

あなたにとって大切な人との時間を優先していきましょう。

付き合いたいのはどんな人？

フツーじゃないほうが愛される

たいていの人があまり愛されない理由をご存じですか？　それは「普通」だからです。フツーすぎて、付き合うメリットを強く感じないから大切にされないのです。

つまり**フツーじゃない人が一番愛されます。**

ではどうしたらフツーじゃない存在になれるのでしょうか？

この答えも「ありのままでいるしかない」ということになります。

「でも私は小さい頃から平凡で普通だったし、これといった取り柄もないし……」なんて思っているそこのあなた。ありのままでフツーな人なんていません。

私たちは本来、全員変人です（笑）

幼少期から家庭や学校、社会の教育によって、人と足並みを揃えること、波風立てないこと、常識的であること、無難でいることを刷り込まれ、フツーになってしまっているだけなんです。

そして、フツーに寄せたほうが愛されると思い込んでいる人が多いのですが、まったく逆です。フツーの人なんて愛されない。

それは、ここまで読んでくれた方ならもうおわかりですよね。

フツーのフリはあなたの魅力を曇らせる

フツーの人と面白い人、どちらと付き合いたいかと聞かれたら、きっとほとんどの人が面白い人と答えますよね。

だってそのほうが一緒にいて楽しいに決まってるじゃないですか。

面白い人というのは、もちろんお笑い芸人のような人ではなく、「**その人らしい人**」

ということです。

ですので、モテようとして家庭的ぶってみたり、ママ友との間で常識人ぶってみたり、会社でいい人ぶってみたりするのは今すぐやめましょう。

自分らしくないことをしようとすると、あなたらしさはどんどん曇っていきます。

ありのままのあなたでいることで、自然とあなたはあなたにしかない唯一無二の輝きが増してくるのです。

そういうあなたに魅力を感じてくれて、かつ、あなたも魅力を感じるそういう人たちと、男女問わず付き合っていきましょう。

そうしたら、どうでもいい人が自然と周りにいなくなり、どうでもいい人に割く時間もなくなっていることが、実感できると思います。

モブキャラになるから大事にされない

全員に好かれようとすると、万人受けを目指すことになり、結局誰からもさほど大事にされずに終わります。

「普通＝その他大勢」なわけですから、それで大事にされるほうが難しいですよね。あなたの人生の主役はあなたでしかないに決まっているのに、自らモブキャラになろうとしているわけです。

自分自身が主役の人生を歩むために必要なこと。

それはまず、全員に好かれようという意識をなくすことです。

何度も言いますが、ありのままの自分でいることをとにかく大事に。

それが第一歩です。

今まで自分自身を隠してきた人が、一気にありのままの自分になるのは難しい話で

すが、日々

「本当は私どうしたいんだろう」

「私の本音はどっちなんだろう」

と問いかけ、それを追求し続けるのです。

そうすると、あなたらしさが磨かれ続け、ありのままの、唯一無二のあなたに興味を持ってくれたり、大事にしてくれる人が必ず現れ、増えていきます。

私は婚活をしているときに、それをひしひしと感じました。

家庭的ないい奥さんになれることをアピールしていたときは、本当に悲しいくらいモテませんでしたから！

合わない人が近づかなくなる方法

まず、得について考えてみる

感覚の合わない人があなたに近づかなくなる方法は、「目的意識をあなた自身がしっかり持つこと」です。

相手が話しかけてくるから、相手が連絡してくるから、相手が気に入ってくれているから、仕方ないから……などは全て「相手」が主語になっている話。

相手がしたいことを優先している限り、あなた自身が二の次になっていることにまず気づきましょう。

そして、**目的意識をあなたが持つにあたって大事なことは、「どうしたら自分がもっ**

と得するか」、そこにつきます。

メリットのある人を優先すると……

私は長年所属している経営者塾の交流会でも、話しかけられた際、興味がなかったり、自分が得すると感じなかったりしたら一瞬で離れます。

前述したように、自分にとってどうでもいい人は相手にしないほうがいいのです。誰しも限られた時間の中で、いかに自分にとってメリットのある人と出会えるかは非常に大切なこと。

得ばかり考えることに罪悪感を持つ人も多いようですが、自分の得を追求することの何がいけないのか、改めて考えたことはありますか？

あなたが幸せになったり、あなたのステージが上がると、家族や周囲もいい思いができるのです。それは悪いことでしょうか？

逆に、どうなったら自分の周りが喜ぶか、幸せになるかを考えると、自分自身が強くなるしかないのです。では、どうやったら強くなれるのか。

それは、本音を伝えることに加え、自分にメリットを与えてくれて、自分を引き上げてくれる人といかに出会うかにもかかっているのです。

そこに集中したほうが、自分や家族、大事な人が、より幸せになる。

得することを追求することで、幸せになる人が増えるんです。

私は、自分と周囲（家族や仕事を含めた仲間たち）をより幸せにするために、自分が得することを最優先してます。

日本では、自分のため自分のためというスタンスの人は「強欲」とか「はしたない」と思われるフシがありますが、本当にそうでしょうか？

人のために頑張っている人のほうが偉い、という幼少期からの教育（これも美徳ですね）が、私たちに刷り込まれている気がします。

でも、よく言うシャンパンタワーの法則のように、自分がまず満たされていないと、周囲の大事な人たちを満たすことはできません。

まずは自分がハッピーになること、すなわち得することを大事にしましょう。

周りを愛する人こそ自分を優先

とはいえ、やっぱり自分が得をすることに抵抗があるという人は多いですよね。

それは結局のところ、愛が足りないからではないかと思うのです。

自分に対する愛も、周囲の人に対する愛も、です。

なぜなら、再び強調しますが、**自分が得をすることで、自分と自分の大事な人たちをもっと幸せにできる**んですよ。

その覚悟と決意があれば、得をすることにコミットするのがいかに愛とイコールか、おわかりいただけると思います。

子どもの頃はそうだったはず

それでもまだ抵抗感を感じる人はいますよね。

ただ、自覚してるかどうかはさておき、私たちは子どもの頃からほとんどみんな、損得で人間関係を選んでいるはずなんです。

損得とはお金のことだけではなく、

「あの人といると心地いい」

「あの人といると楽しい」

「あの人に◯◯をしてあげている自分が好き」

などは全て自分の得ですよね。


「損得勘定抜きに……」なんていうのが美徳みたいな風潮がありますが、自分の得を追求しましょう。

「くれくれ星人」を卒業しよう

どうしても、みんなから好かれようとしてる人や、嫌われないようにしてしまう人は、好かれようとしている時点で「自分から好きになろうという意識」が低いことに気づきましょう。

「好かれたい」「嫌われない」の主体は相手であって、自分ではないですよね。

好きになってほしい、愛してほしい、と外側から自分に向かう矢印です。

よく言われる「くれくれ星人」なのです。

そうではなく、自分から外側に向けた矢印に変えてほしいのです。

「もっと自分から周りの人を愛そう」「どうやったらもっと愛を注げるか」という視点に立ってみましょう。

そうしたら「みんなから好かれたい」という、しょうもない気持ちはなくなります。

それと同時に、好きな人しか周りにいない状況が出来上がることでしょう。

さりげなく、でOK

誤解している人がいるのですが、苦手な人や交流を続けたくない相手に対して、「もうあなたとはサヨナラです」ということをわざわざ明確に言う必要はありません。

- さりげなく距離を置く
- さりげなく相手にしない
- さりげなく既読スルー

こういったことを駆使していけば、自然と距離はできるもの。

苦手な相手が距離を詰めてきたときは「ごめんなさい。でもそれは私できません」と言いましょう。

一旦、謝りながら、断固拒否。

むきになって言い返したりすると、そこでまた相手は面白がってきたりするので、相手にしないことが大事です。


目的意識をしっかり持ちましょう。

自分が得することを最優先しましょう。


すると、あなたに合わない人は減っていきます。

嫌われても怖くなくなる考え方

人生の目的や優先順位を明確に

職場やその他の付き合いで、自己開示ができない人が多いのは、「嫌われることが怖いから」でしょう。

では、なぜ嫌われることが怖いのかというと、そこも「人生の目的や優先順位を明確にしていないから」なのです。

自分にとって大事な人やモノ・コト、時間、成し遂げたいことがはっきりしていれば、何を優先すべきかも明確になるはずですよね。

優先順位は常に意識したほうがいいと思います。

参考にしてもらいたいので何度も言いますが、私は、自分にとって大切じゃない人に時間を使うつもりは一切ありません。

そんな人に好かれて何か得することあるの？と思ってしまいます。

嫌われたって、たいていの場合はせいぜい陰口を言われるくらいのもの。

でも陰口なんて言われた者勝ちですよ！　今の私は陰口が嬉しいくらいです。

だって、私はその人のことを一ミリも気にしてないのに、その人のマインドキャパを私がけっこう占めているということですからね。

そして陰口を言っている人は、結局は損をすることがほとんどなんです、この世の中。陰口を言っている人のほうが、言われている人よりイメージが下がるのはよくあること。だから、**みんなに好かれようとせず、自己開示していきましょう**。

また、**「自分さえ我慢すれば」という意識もなくしましょう。**

そうしたら、たいてい嫌な人はいなくなってます。

その上で、嫌われる人には嫌われたらいいのです。

自分は絶対に得をしたい、としっかり思っていれば、余計なところに時間を割くことはできないし、どうでもいい人から好かれることも無意味でしかないですからね。

「みんな仲良く」は本当に無意味

45・70ページで話したように、子どもの頃から「みんなと仲良く」という教育をされてきた私たちは、波風立てず穏便にという意識が強くなりがちです。

けれども、自分が損をするくらいなら、絶対に波風を立てたほうがいいと私は思っています。

みんなから好かれたり仲良くすることより、自分が満たされていることのほうが圧倒的に大事なのは、もうおわかりですよね。

ちなみに私は会社員時代、苦手だった上司である部長に、自分が嫌な仕事を全部押し付けてみたことがあります。

お願いしたら全部やってくれて、意外といい人だなと思えました。

嫌いな人には、我慢をするのではなく、何かお願いしてみる。

そうすると、好きになれるかもしれません。

「ひどい人なわけない」としてみる

相手が何を言ってきたとしても、本当の悪意があることはほとんどない、と私は思っています。

どんな人のどんな行動にも正義がある。

「盗人にも三分の理」と言われるように、ものすごく凶悪な連続殺人犯も、自分ほどの善人はこの世の中にいない、と語っていたりするわけです。

だからどんな悪いことをしている人でも、**本人としては、よかれと思っている**ので、その前提に立たないと人間関係はうまくいきません。

だから、どんなにひどいことを言われているようでも、相手が本当に「ひどいことを言ってやろう」と思っているケースは、すごく少ないわけです。

親が子どもにあれこれ干渉するのは、正しいかどうかはさておき、そうしたほうがいいと思ってのことなのは間違いないですし、他人同士の場合も、よかれと思って言ってくれていたり、アドバイスのつもりであったりすることがほとんど。

誰かをいじめてやろうという魂胆は滅多にないわけです。

言われて嬉しくない言葉だったとしても、「この人は私のことを思ってそう言ってくれてるんだな」と思うと、見え方が変わります。

とはいえ、私はもともとそういうマインドだったわけではありません。

名著『人を動かす』（カーネギー著・創元社）を読んで、「なるほど」と自分を変えていきました。人間関係に関しては、この本と『嫌われる勇気』（岸見一郎、古賀史健著・ダイヤモンド社）が、私のマインドと行動を劇的に変えた2冊です。

悪意じゃなくて無知なだけ

知らないならしょうがない

悪意と無知は混同されがちですが、この2つはまったく違います。

悪意を向けられたと思っても、その理由の9割くらいは「相手が無知だから」なんです。

悪意には悪意で立ち向かってもいいのですが、**実際は相手が無知なだけ、知らないだけ、**ということがほとんどです。


例えば、男性とデートするとき「彼がすてきなお店に連れて行ってくれない」とか「彼が帰りに送ってくれない」などのケースは、男性が悪意でやっているからではなく、どうしたらその女性が喜ぶかを知らないだけ。
ということは、女性は「どうしてくれたら自分は嬉しいのか」を、その男性に教えてあげればいいだけの話ですよね。

また、子どもの頃に親に言われたりされたりしたことで傷ついている人がけっこう多いのですが、親は基本的に、子育てを学んだことがないわけです。
育児書をいくら読んでみたところで、ほとんどの親は子育て初心者ですし、かなり無知な状態です。

「わが子がまさか傷ついていたなんて」と親がびっくりしたり、おそらく、そもそも親はそのことを覚えていなかったりすることが多いでしょう。

なので「悪意だ」と決めつけて親を恨むなどは、自分自身が疲れるし、しんどくなるし、自分の損でしかありません。
その意味でも、自分が損をすることはやめましょう。

悪意と無知の見分け方をよく聞かれるのですが、見分け方なんてものは存在しないので、**「全部無知」と思っておくのがおすすめです。**

考えてもわからないことを白黒つけようとせず「全部、無知ゆえのことだ」と思っておきましょう。

どう受け取るかを変えてみる

ここまで読んで気づいた方もいらっしゃるかと思いますが、「本当に嫌な人」なんてこの世の中にはほとんどいないのです。

自分がありのままの自分でいられない人とは距離をとることをおすすめしますが、**あなたが「すごく嫌い！」と思っている人がいたとしても、その人自身には悪意なんてないことがほとんど。**

自分が悪意として受け取っているから苦手なだけ、というケースも多いのです。

相手の行動は変えられなくても、どう受け取るかはあなたしだいで変えられます。

はっきり嫌な人、苦手な人とは物理的に距離を広げることに加え、苦手意識を持っている人には「その人には悪意がない」という前提に立つ。

すると、「嫌な人」というのはほとんど存在しなくなると思います。

その意味においては、私は好きな人としか付き合っていませんが、嫌な人もまったくいません。

待てないから、嫌なだけ

焦りは百害あって一利なし

デート、夫婦関係、子育て、仕事での教育……みんな結果を早く求めようとして焦りすぎではないでしょうか。

待てないからイライラしたり、衝突したりするわけですよね。

例えば、私が多くの女性にすすめている、家事代行。

「えー、お金をかけて家事代行を？」と反対気味だった当の本人も、数年かけて私の思想に触れ、「よしやってみよう」と思ったりするケースが多くあります。

そして、それを夫に話してみたら、たった一度、「お金かかるよね」とか「誰がお金だすの？」という反応をされただけで、反対された気になってケンカになってしまったりするケースがあります。

自分の気持ちが「よしやってみよう」と変わるのに数年かかったことは棚にあげて、夫にはすぐ変わることを求めているわけです。それでは相手がかわいそうですよね。

「聞き合い」をしながら伝え続けたら、いつか相手はわかってくれます。

人生100年時代、すぐにわかってくれなくても、長い目でみたら、ほとんどがどうってことない年月です。みなさん、焦りは禁物ですよ。

待って「育成」すれば有望株に

また、仕事を新しい人にお願いした場合、1カ月しか経っていないのに、すぐ「使えない人に頼んじゃった」などと言う人はいませんか？

私に言わせたら、最初から期待しているレベルに届かないのは、当たり前。「1年くらいしたら、私の求めるレベルに届いてくれるだろうな〜」としか思っていません。なので私は、相手がどんなミスをしても一切怒らないのです。

男性も仕事仲間も、私は育成することを前提に考えています。

いまや趣味は「育成」ですね（笑）

婚活で、いわゆる〝神夫〟を当てたいという人が多いようですが、最初から当てようとしないことです。最初から完璧な人なんていません。

私は、男性にも女性にも、伸びしろを信じています。

大事なのはその人のポテンシャル。

そして、そのポテンシャルを信じられるかどうか、なのです。

待てる自分になる方法

人は変えられないけど育つ

多くの人が、手っ取り早く成功しようとしすぎです。待てる自分になる方法は、シンプルですが「焦らないこと」。また、人生１００年時代ということを忘れないこと。

何かが叶う時期が３カ月後だろうが、半年後だろうが、１年後だろうが、人生１００年と思っておくと、たいして変わらないので、誤差でしかありません。

１００年からしたら、まばたきみたいなものなので、それを信じることです。

ただ、私も昔から待てる人ではありませんでした。

待てなかったときは、自分も他人も信じることができなかった状態でした。

自分も他人も信じることができるようになってから、待てるようになりました。

「相手がいつまでも変わってくれない」「やってくれない」、そんなときは私も嘆きたくなっていましたが、今わかるのは、人はそもそも変えられないということ。

その人自身が変わろうと思わない限り。

そのため、本人が変わろうとするタイミングを待ったり、どうやったら変わりたくなるのかを観察してみたり、聞き合いをしてみましょう。

すぐに変わらないからといって、あなたを軽んじているわけではありません。

また先述のように私は、**人は変えられないけど、育つ**とは思っています。

本人が成長したいと思ったら成長できる。

それは、こちらが焦っても仕方ないので、その人を信じて待ってみましょう。

希望への効率の意味は？

先ほども書きましたが、自分がこうなりたいという理想や、自分が叶えたいと思っていることは、**今すぐに叶わなくても、やり続け、追い続けていたら、いつか必ず叶います**。

それを信じようと腑に落ちていれば、焦らずに待つことができるはず。

最近は、効率的に生きようとしたり、時短時短と思ったり、ムダなことはしたくないと思っている人が多いのですが、死ぬときに「あぁ効率的に生きられてよかった」なんて思う人は絶対にいないと思いませんか。

一番効率的に生きたいなら、究極的には生まれた瞬間に死ぬこと。
そんなことを自分は求めているのか、一度考えてみてください。
効率や時短を追い求めることになんの意味があるのか、考えてみましょう。

効率や、やるべきことを重視しているから、ムダなことをしてくる子どもにイライラするママが多いのだと思います。

でも効率なんてものは、支配者層が私たちをうまく使おうとして押し付けてくる、彼らの理想なだけです。そんなものにだまされていたら危険信号。

「効率的であることがいい」という思い込みを、取っ払ってみましょう。

そうしたら待つことが今より苦痛じゃなくなるんです。

疲れていない自分を取り戻そう

待てる自分になるために、大事なことがあります。

疲れていたり自分に余裕がないと、待つことってものすごくツラいですよね。

私もきっとできません。

以前から私は「余白を作ることがとても大事」だと力説しています。余白があれば待つことができるし、疲れることがあっても癒すことができる。

忙しすぎて余白のない方が多いのですが、余白は必須です。

あなたの人生で優先度が低いものは手放していき、嫌なことをやめて、まずは疲れをとりましょう。

やり方は私の『嫌なこと全部やめたらすごかった』（ＷＡＶＥ出版）をぜひご参照ください。

そうすると心に余裕ができ、待つことも自然と苦痛ではなくなっていく。

同時に、嫌な人も自然と減っていくことでしょう。

第5章

ケース別のお悩み解決策

他人とのコミュ力

ここからは、日常よくある困ったシーンごとに、どうコミュニケーションをとればいいかを一緒に考えていきましょう。前章までに書ききれなかったことや、私自身がよく使う方法などもご紹介します。

❶言いにくいことを言うときは？

まずは、注意やダメ出し、叱るなどのケースです。

大前提として「怒らないで伝える」ことが大切です。終わってしまったことに言及しても仕方がありませんよね。なので注意でもダメ出しでも叱るでもなく、私は「次からはこうしてね」というリクエストで伝えるようにしています。

ポイントは、語尾に「♡」が舞っているかのごとく伝えること。

私の場合、言いにくいことでも事実なら、言ってあげたほうが相手は喜ぶと考えているので、言いにくいことはありません。

私は講座生にもズバズバ伝えます。シャンパン1つ開けられない子たちに「なんでみんなそんな〝低スペ〟なの⁉」と言い放ったり、モテたいと言う子には「痩せることが必須だね」「まず歯並び治さないと」など、外見を磨くように指南。

能力や外見のことは、一般的に指摘しにくいかもしれません。でもここで伝えてあげなかったら、彼女たちは低スペックで外見も冴えないまま。

それが**わかってるのに教えてあげないなんて、むしろイジワル**じゃないでしょうか。

現在地を教えてあげるのは優しさからのことです。

そもそも「なぜ言いにくいと思っているか」を疑ってみてください。自分が嫌な人だと思われたくないからじゃないでしょうか。

でも、言わないほうがよっぽど嫌な人ですよね。

人に現在地を教えてあげることは愛です。必ずあなたの愛が届く日がきます。

❷人に頼れない人は？

私もそうでしたが、「今の自分はしくじっている」という前提を認識しましょう。

なんでも一人でやってきて人に頼れないのは、「自分はなんでもできている」と思い込んでいるからです。なので**「自分はできていない」という前提に立ち、「だから自分は損している」と自覚**しましょう。

私は事務局スタッフと2人で1億円稼いでいたとき、「私たちはめちゃくちゃうまくやっている」と思い込んでいましたが、いま思えばうまくいってませんでした。人に頼って人手を確保したほうが助かるに決まっているのに、当時はYouTubeの編集やSNSを自分でやっていて、よく三日坊主になっていました。

でも「今の自分はしくじってる」という前提で生きはじめたら、人に頼るはじめの一歩を踏み出せました。そこからチームで仕事を回せるようになり、今はいくつもの楽しい企画や大きなプロジェクトを、仲間や講座生と動かせています。

❸本音を聞き出し懐に入るコツ

相手が何を言っても、怒らず、否定せず、相手をわかろうとすることに努めましょう。相手が本音を言いやすいように、**何を言っても大丈夫な空気感を出す**のが肝心です。「この人に何を言っても怒られないだろう」「否定されないだろう」「わかってくれるだろう」と思われるあなたでいること。

極意は、相手の全てを一旦受け入れることです。

ちなみに、雑談から始めて楽しく過ごすには、みんなで話す場でも「自分が話したい話だけをする」ように持っていくのがポイントです。具体的には「自分はこんなことをしたい！」ということを話すようにしてみましょう。

私の場合は、そもそも雑談をしないようにしています。

雑談で始めると、本音を聞けずに終わることが多くなるからです。

そう言うと元も子もないので、「雑談から一歩進んだ話をしたい」という場合のコツもお伝えしましょう。それも「自分が何を叶えたいか」を話すだけ。

自分が本音を話すことで、相手も本音を話してくれるのです。

❹嫌いな人や苦手な人にどう接する？

「役割が違うだけ」と捉えてみませんか。前提として、相手も正しいし自分も正しいんです。**世の中には悪い人がいるのではなく、ただお互いの役割が違うだけ**、と考えると、嫌いな人や苦手な人はグッと減りますよ。

私は以前、守銭奴の人がとても苦手でした。「お金より心の通い合いのほうが価値があるのに、なんで全部お金に換えようとするんだろう？」とモヤモヤ。

でも、あるとき「人の役割は自由・愛・お金に分かれる」ということを知って、役割が違うだけだったのか、と衝撃を受けました。

同時に、私はお金を稼げても、お金を残せる役割の人ではなかった、ということに気づいたんです。稼ぎは全部使ってしまうタイプなので。

ただ、世の中にはちゃんとお金を残せる人も必要ですよね。

そういう人がいるから、私がお金がなくなったときに貸してくれる。

そして、そのことに「ありがとう」と思えるようになったんです。

役割分担という考え方を身につけると、嫌いな人や苦手な人はいなくなっていきます。

❺一度こじれた関係を戻すには？

私は、自分と相手の利害関係が一致しなくなったときが縁の切れ目だなと思っています。ですが、関係性を戻したいときは「自分の勘違いに気づくこと」を模索します。

相手は基本的にとてもいい人のはずです。

自分が何かを勘違いして、関係がこじれてしまったに違いないので、「どこで勘違いしてしまったのか」を相手に聞くようにしています。

自分とのコミュ力

❶人を否定しない自分になりたい

人のことをとやかく言いたくなるときは、自分に矢印が向いていないとき。

人を否定したくなるときは100％、自分が我慢しているときでもあります。

例えば、芸能人の不倫ニュースで盛り上がるときや、女友達の容姿を見下しているとき、夫の愚痴を言っているときなどは、

- 私はなんでそれが気になるんだろう？
- 私はなんでそれが嫌なんだろう？
- 私は何を我慢しているんだろう？

と自分に矢印を向けてみましょう。すると、その〝何か〟が見えてきますよ。

❷自分を認められないときはどうする？

そんなときは、自分自身に声かけなんてせず、周りに愚痴って励ましてもらうのがおすすめです。一人で解決しようとせず、人に頼ってみませんか？

相手から期待と違うコメントが来るのが嫌な方は、「いま悲しいから励まして」と**事前にリクエストを伝えてから話し始めましょう**。

❸本心を貫いたら人と対立しないか怖い

自分の本音に向き合っていくと、それを出したときのことを考えて、怖くなる場合がありますよね。私も毎回、怖いです。

でもどう付き合っていくかといえば、「怖いままやるしかない」

そうして私も周りの女性たちも、少しずつ試してきた結果、自分らしい生き方ができるようになってきました。

とはいえ今の自分を変えるのって、やっぱり怖いです。今までと違うことをしようとしているのだから、怖くて当たり前なんです。それが人間の生存本能。

なぜなら、幸せで平和に生きられているのに、住む国を変えたら今みたいに幸せで平和に生きられなくなる可能性がある。

そのため人は、今までと違う行動を取ろうとすると、脳が拒否するようにできているんです。必要以上に制限をかけて変化させまいとする。

だから私たちは、どんな些細なことでも、変えようとすると１００％怖いんですね。

とはいえその怖さはあくまで脳の生存本能なので、本能に支配される必要はないのです。なので答えは、怖さがなくなったらやるのではなく「怖いままやるしかない」なのです。


何が起きても大丈夫。現代の私たちには、問題が起きるたびに**工夫できることや、解決していく知恵がいっぱいあります**。

自分と社会を信じて、小さなことから練習していきましょう。気づいたら、人から見たら無謀なチャレンジをサラッとこなしている自分になっていますよ。

夫婦のコミュ力

❶やりたいことを夫に応援してもらうには？

これまで数々の理想を叶えてきた私ですが、時に夫との会話は「（大）やだ」「（私）そっかー」の繰り返しです。

「これどう思う？　嫌？」「こんなことするのどうかな？」「これだったらいい？」「その違いは何？」など、聞いて聞いて聞きまくるスタイル。

私の場合、夫が「やだ」で終わったら「そっかー、じゃあ、しないね」で一日終わります。でもやっぱりどうしてもやりたい、という理由が出てきたら、事情を説明して「やっぱりやりたいと思う」と再度話します。

それでも「やだ」と言われたら、「そっかー」と繰り返しています。

❷夫への不満の切り出し方は？

あなたが「こうしてほしい」と思う内容に相手が乗り気かどうかを、最初に確認してみましょう。例えば「これ、こうしてみない？」と聞いて、相手が乗り気じゃない場合は諦める。言い続けるのも1つの方法ですが、**相手が乗り気じゃないと何も変わらないので、まずそこを確認**しておくのです。

例えば、かなりの極論ですが、同棲中の彼や夫が生活費を出してくれない場合。出したくないから出していないわけです。なんで出したくないのかと言ったら、あなたとの生活に出す価値がないと思ってるからでしょう。

相手が生活費を出したくなるあなたや、暮らし方を模索するしかありません。

「生活費を出してほしい」と言わないと相手もわからない場合があると思うので「生活費って出したいと思う？」「いくらなら出してもいいと思う？」「出したくない（またはは出せない）のはなんで？」と聞いてください。

それでも出したくないと言われたら、私だったら「そっか〜。じゃあ自分で出すね」もしくは「生活費出してもらえないなら、一緒にいる意味ないから出てって」と伝えてみます。

このように、「こうしてみない？」と聞いたとき、私の提案が受け入れられる率は高いので、ぜひ試してみてください。

❸夫をすぐ否定してしまいます

いま自分がしている我慢をやめてみましょう。自分が自分に我慢させていることを夫がやってしまうから、夫を否定したくなるんです。

よく言われているように、相手は自分の鏡。だから**自分が我慢するのをやめて、やりたくないことはやらない、と徹底**しましょう。そうしたら、相手が「やりたくないことをやらない」と言ったときに納得できるはずです。

だから私は子どもにも何も言いません。「そりゃやりたくないよね」「そりゃ食べたくないよね」「そりゃまだ眠くないよね」と思うだけです。

❹「自分が変わるしかない」とわかっていても……

「夫は変えられない、自分が変わるしかないとわかっていても、変わらない夫にガックリしてしまう。自分を変えることに集中したらいいですか?」という質問。

これについては、夫といても不快と感じない自分になることを考えてみましょう。

相談者は、自分を変える目的が「夫を変えるため」にすり替わっていますよね。

夫を変えようとするのではなく、気にならない自分になることです。

例えば、夫がオナラをするのが嫌だとしましょう。夫がオナラをしないように自分がどうこうするのではなく、オナラが気にならない自分になることです。オナラをしたらすかさず距離を置くなど、**自分の行動を変えてみましょう**。

夫はそのまま、ということを一旦受け入れてみる。そして、「その夫を不快と感じない自分になる」方向に自分を変えること。これを試してみてください。

❺DV夫を作り出すのは妻ですか？

この答えは信じられないかもしれませんが、一部YESの可能性があります。もちろん自覚はないと思いますが、妻がDV的なことをすると、夫のDVに繋がることがあるのです。

妻がやってしまうDV的なこととは、夫への不機嫌な態度や不幸のアピール。実際の暴力とは程遠いことなのですが、妻が「あなたのせいで私は幸せになれていません」というアピールをすると、夫がどんどんDV気質になっていく可能性もあるので注意したほうがいいのです。

❻夫に対して怒りの感情が収まらない

相手に怒りを感じるのは、あなたが**「相手が変わるべきだ」という前提を持っているから**です。「自分に強い思い込みがあるはずだ」と変換して、自分を満たすしか怒りを解決する方法はありません。（方法は77ページ参照）

一旦、悪いのは相手ではなく、受け入れられない自分だと置き換えてみましょう。

どんな相手でも受け入れられる自分になるため、私たちは人間力を上げていくことが大切です。

人間力のゴールは、どんな相手であっても「そのままのあなたで素晴らしい」と受け入れて、応援できる自分になることだと私は思います。

他の相談者にも伝えたいことですが、そのためには、自分を満たしていくしかありません。

それができると、相手に怒りを感じなくなっていきます。

モテとコミュ力

❶あさぎさんがモテるのはなぜ？

私がモテるのは、**オープンだから、素で接してるから、無邪気だから**だと思います。そうじゃなかった頃は驚くほどモテませんでした。

結局、素直な人が一番モテるんですね。

また、周りから「会話のレシーブ力がすごい」と褒められることも多いです。会話がテニスだとしたら、普通の人が「これは拾わなくてもいいや」と見送るボールも、全て拾って拾って拾いまくる。そのほうが相手は喜んでくれます。

モテたいなら、相手の一言一言を聞き漏らさず、素直な言葉で返しましょう。

❷3つの型以外におすすめの型は?

私はとにかく爆笑しています。爆笑すると相手は「面白い」と思ってくれてハッピーになるんです。そしてモテます。

ポイントは、常に**オーバーリアクションで笑っていること**。

みなさんは、笑いを出し惜しみしてませんか? 日本の女性はなんでそんな不機嫌なの?って思えてなりません。

上司のつまらないギャグに「笑ってやるか」とすら思ってるフシ、ありますよね。

それは日々、嫌なことばかりで疲れているからじゃないでしょうか。

笑って健康になりましょう。笑うとナチュラルキラー細胞が増えて、がん細胞を排除してくれる利点もあるそうです。

お互いハッピーになって、モテて、健康になれるなら、得しかないですよね。

だから日常的に笑いましょう。

そのためには、自分の周りの人間が「めちゃめちゃ面白いことを言っている前提」でいることが大切です。参考にしたいのは林家パー子さん。彼女は、夫のぺーさんが何か言おうものならすかさず爆笑。何も言わないときでも爆笑。

とりあえず爆笑しておけばうまくいきます。

❸最強のモテ奥義は？

レア人材になりましょう。私がモテるのは言動が魅力的に映るからだと思います。

また、外見も美しくしているからです。

私より美女だけど、私よりモテない女性なんてこの世の中にごまんといますよね。

私は価値の軸を外に置かず、自分の素直な本音を軸に、思うように生きている。

そこに、他の人にはなかなかできない希少性を感じてくれるからなんです。

人間は、希少性に価値を感じるのです。「こんな人はなかなかこの世界にはいない」と思ったとき、その人に夢中になり、トリコになる。

つまり一番モテる方法はレア人材になることなんです。

では、どうしたら希少価値を高められるかといったら、自分の本音で生きて、唯一無二になること、つまり自分らしく生きることにほかなりません。

例えば、人生経験豊富な人って面白いですよね。

「一緒にいたらもっとすてきな自分になれそう」と思えるので、そういう人に、男性も女性も弱い。

つまり、**やりたいことを全部やって、人生経験を豊富にしていく**と、よりレア度が増してモテるのです。

子育てとコミュ力

❶夫の育児分担どう話す？

育児の分担は率直に「何割がいい？」「何をしたい？」と聞いてみましょう。わが家では、第一子の出産前にこんなやりとりをしました。

私「出産したら私は育休を取るから、普通だと8：2くらいで私がやることになるよね？　実際どのくらいの割合でやりたいの？」

夫「5：5」

私「だとしたら、あなたが家にいる平日の夜間と土日は基本的にあなたが担当で、私はそのとき、何もしないくらいでようやく5：5になると思うんだけど、それでいい、ということ？」

夫「うん。それでいいよ」

そして、実際にその分担で育児をしていました。

❷ママ友に無視されたときの最適解は？

「無視される」ということは、相談者は自分から話しかけたり、それに近いようなことをしているということですよね。それは、わざわざ無視されに行っているようなもの。「この前のは無視だったのかどうか」を確認するために、もう1回自分からアプローチしているんですね。**自分から相手のほうへ行くのは、やめましょう。**

私としては、「なんでそんな人に接したいの？」と思います。

私も娘の学校で、私にだけ話しかけてくれないママがいました。

私は「もしかして私は話しかけにくい存在なのかな？」と思い、彼女の子どもにめっちゃ優しくしたら、そのママからお礼を言われて仲良くなれました。

みなさんもママ友に無視されたら、**その人の子どもにとても優しくしてみる**のはいかがでしょうか。

❸子どもが人間関係でトラブったら？

私の場合、子どもに意向を聞き、妥当だと思ったら介入します。例えば、子どもに「私にしてほしいことある？」と聞いて、ないなら放っておきます。

以前、娘がいとことケンカをした際に「マミー、あの子のこと叱ってよ！」と言われましたが、「そんなん自分で言い返しな。できないなら我慢するしかない」と伝えました。

してほしいことが妥当だと思ったらする、思わなければしません。

❹自主的に勉強する子はどうしたら育つ？

子どもはなぜ自主的に勉強しないんでしょうか？　答えは、つまらないからです。だから、子どもに「つまらない内容の勉強」をさせないのがポイントです。

今の日本の学校で教えている内容は、かなりつまらないと私は思っています。

うちの娘は化学の難しいＹｏｕＴｕｂｅを見ていた結果、知識がすごく豊富になりました。彼女が自主的に勉強してそうなったんです。

なぜかというと「知ると面白い」と感じたからです。

だから家では、**子どもが「面白がる内容の勉強」をさせてはどうでしょうか。**


ところで、今の世の中、一番稼いで楽しそうな人は誰でしょう。

やりたいことをやって、幸せそうで、お金も時間も自由に生きてそうなYouTuberではないですか。彼らは、学校の勉強はあまり関係ない世界にいそうです。


たとえ学校の勉強をしっかりやって金融業界に勤めたり、医師になったとしても、おそらくかなりのハードワークが待っています。

時間の自由もお金の自由もそんなにないかもしれない業界……。だったら、本人が希望しない限り、そっちへ行かなくてもいいのでは?と私は思うんです。


何のために子どもを勉強させたいのか。何のためにつまらなくて意味も感じられないことに、わざわざ自分の子どもの時間を割かせようとするのか。

一度考えてみるといいかもしれません。

気まずさとコミュ力

❶謝れないタイプはどうしたらいい？

そういう人は、謝れないのではなく、謝りたくないんじゃないでしょうか。

誰でも「ごめんなさい」という発声はできますよね。つまり、物理的には謝れるんです。だから謝れないのではなく、謝りたくないだけなんです。

同じように「○○できない」という人も、できないんじゃなくて、やりたくないだけだと認識しましょう。

謝りたくなければ謝らなくてもいい。131ページで「秒速で謝ったほうがコトがスムーズに運ぶ」と書きましたが、私は自分が得すると思うから謝っているだけ。

なので、謝っても得しないなと思う場合は、謝らなくていいと思います。

❷つい自分を卑下してしまいます

その場合は、実績で相手にドヤりましょう。もしかして「〝一応〟彼氏います」「年収は〝一応〟3000万円です」「出身大学は〝一応〟東大です」と言ってしまう人は、ドヤりに抵抗をお持ちでしょうか。

人生はドヤった者勝ち。自分のことを卑下して伝えてしまう人は、その時点でしくじっていることに気づいたほうがいいでしょう。

人は誰しも得したい生き物。「この人といると得しそう」と思わせる人が一番モテるわけです。であれば、ドヤったほうがいいのです。

私なんて「趣味・ドヤり」です。昔から趣味だったのですが、一度やめたあと、一周回って戻りました。

ただし、いま私が毎日やっているのは、**実績・外見・生き方でのドヤり（笑）**

一般的に「ドヤるのはよくない」と言われるのは、自分を誇張して大きく見せようとしているから。その類はアホっぽくダサいのです。

でも実績でドヤろうとすると、ひたすら自分で努力を積み重ねるしかないので、**結果的に真摯な生き方になる**んです。

つい自分を卑下してしまう人は、真摯に自分を磨き、実績でドヤりましょう。

❸親しみやすさと舐められない境目は？

舐められなくなるとつまらないですよ。「あさぎさんなら何言っても大丈夫」といつもコメント欄で舐められてますけど、私はまったく気にならないんです。「舐められてないかどうか」と気にしてしまうところが問題なのかもしれませんね。

私は舐められると楽しく思います。気を許してくれている、ということじゃないですか。私はむしろ舐められたら嬉しいのですが……最近あまりにも実績をつけすぎて舐めてくれる人がいなくてつまらないんです。

親しみやすいから舐められる、舐められるから親しまれる。

そこに境目は存在しないのかもしれませんね。

❹感じよく断る極意は？

極意やコツを聞いてくる人は、魔法の何かがあるとでも思っているのかもしれませんが、ここにはありません。

嫌だったら「私にはちょっとムリかも」というように、嫌だという意思を伝えるしかない。それが普通のことであり極意でもあると思います。

また、感じいい・感じ悪いと気にしている時点で、人の目を気にしすぎていますよね。LINEで何かを言われた場合、フツーに既読スルーするか、それが難しいなら「ごめんなさい、その日は難しいです」「ごめんなさい、今ちょっとそこに割く時間がなくて」など、感じいい・悪いなど考えず、**できない理由を素直に伝えるだけでいいんですよ。**

❺相手の言動に悲しい・嫌だと思ったら

そんなときは自分に矢印を向けましょう。伝える前に「なんでそれが悲しいのか？」

「なんでそれが嫌なのか？」と、自分に矢印を向けること。

絶対どこかで自分が我慢していたり、捉え違いや妄想をしたりしているので、「何を間違って受け取ってしまったのか？」と見つめ直すことです。

ただし、それを相手に伝える必要はありません。

「人の言うことを信じていたけど、後からそれは建前だったのかなと思うと悲しくなります。どうしたらいいですか？」というお悩みも同じです。

例えば、「また今度会いましょうね」と言われたのに、「いつにします？」と聞いたら返信がなかった場合。

私だったら「そのときはそう思ってたんだな」「今は忙しいのかな？」「気が変わったのかな？」と捉えます。

「相手は常に本音で私に接している」と思うようにしているので、悲しくなることはありません。

忙しいときは誰にだってあるし、気分が変わることも誰にだってあるもの。

「建前」っていい言葉ですが、「嘘つき」ということですよね。

ということは、相手を〝嘘つき認定〟しているひどい自分がそこにいることに気づきましょう。

❻相手に悪気はないのに「カチン」ときた場合

この場合、相手の発言を自分が歪曲して捉えている可能性があるので、話をよく聞いた上で、質問して確認しましょう。

「こういう意味ですか？」と聞いてみると、「全然違う」と返されるのが9割です。

例えば、夫の「今日のご飯これだけ？」という一言にカチンとくる妻。

たいてい妻は「夫から『今日のご飯めっちゃ少ないじゃん！　手抜きだ！』って言われた！」と歪曲して捉えがちです。

日本の女性の大半に歪曲グセがあるのは、私たちの母親世代が輪をかけて歪曲グセを持っていたからだと思います。

夫が「今日のご飯これだけ？」と聞いた裏には、
「もしこれだけだとしたら、海苔の佃煮を冷蔵庫から出してこよう」
「コンビニで好きなもの買ってこようかな」
くらいの軽い気持ちがあるだけかもしれません。

とはいえ、聞き方がそっけない場合、妻がカチンときても仕方ありませんが。

話を戻すと、聞かれている内容は「今日のご飯はこれだけなのか？」だけ。

つまり、これ以外にもあるのかないのかというだけなので、責めているかどうかは、まだわかりません。

まずは、あるならある、ないならない、と答えればいいだけなのです。

すぐに「責められた！」と捉えるからカチンとくるわけです。

相手の発言をちゃんと冷静に聞いて、対応しましょう。

家族のコミュ力

❶親を尊敬できないことに罪悪感がある

この相談者は「親は人として未熟なんだと思うことで自分を納得させている」とも言っていました。

同じような思いを抱えている人は、とりあえず「私は親を尊敬してない！」「うちの親、未熟すぎー」と声を大にして言ってみましょう。

何か感じたことはありませんか？

親が未熟だとしたら、あなたはどうでしょうか。

自分に向き合ってみると、自分は親以上に未熟だと気づくはずです。自分に向き合うって、自分の未熟さ、知らなかった自分、押さえつけていた自分に気づくことでもあると思います。

また、「こんなこと言うの恥ずかしい」「こんなことやるの恥ずかしい」というジャッジをしている自分に気づくこともあり、それもとても大切なことです。

向き合うのは親ではなく自分かもしれませんね。

誰よりも自分が未熟だとわかっている人は、人のことを見下したりせず、人を心から尊敬し、すごいと思えるようになるんです。

❷近い親戚にイライラさせられたら？

私だったら会わないようにします。家に来てと言われても行かない。

「行きたくないです」という表現は避けて、「用事があるので」「用事があるので」「用事があるので」……と言い続けるのがいいと思います。

こんな相談もありました。「弟の子どもの世話を押し付けられるのが嫌。弟は迷惑かけてる自覚もないし、どうしたらいいでしょう?」

そんなときは行動を工夫しましょう。子どもの両親のことは一旦置いておきます。

あなたが子どもの相手をしたくないなら、放置するという選択を考えるのはどうでしょうか。

もし子どもが「いえーい」と寄って来ても、「いま忙しいから」とスマホをいじるなり、部屋にこもるなり、**自分の行動をズラしてみるのです**。

すると、世話を頼まれなくなると思います。

職場やチームのコミュ力

❶上司にも部下にもフラットでいるコツは？

シンプルに、人をラベリングするのをやめてみましょう。「その人はその人」というだけなんですよね。上司や部下、友達や知人、彼氏やセフレ……私はそのように人をラベリングすることに意味はないと思っています。

だから子どもにも、一人の人間として接しています。長女には4歳のときから大人と同じように接しています。例えば、

私「晩ごはん何食べたい？」

娘「ピッツァ！」

私「えー、マミィは和食がいい。明日ピッツァにしようよ」

娘「じゃあいいよ」

というようなやりとりです。仕事の相手にも同じように接しています。

そもそも、人をラベリングしようとするから、意識してしまって変になるんだと思います。ラベリングは「支配者層からの押し付け」だということを理解しましょう。役職など肩書きなんてものは、管理する側が便利だから使っているだけです。

その罠に自分からハマる必要はありませんよね。

この観点でいくと、男でも女でも関係なくなってきます。

一人ひとりが「その人」でしかありません。**上司や部下などとラベリングせず、一人の人間として接する**とフラットな関係を築けますよ。

❷目上の人と秒速で仲良くなりたい

そもそも目上とは何か？というところから考えたくなりますが、そこは一旦置いといて、目上とは年齢や立場が上の人だとするなら、**相手にいろんなことをお願いしてみましょう**。

自分よりすごい人はたいてい「人の力になりたい」と思っているものです。

もう自分は十分幸せだから、人を引き上げたいと思っています。

だから、私はちゃんと引き上げてもらえるようにお願いをするようにしています。

「こんなことしたいんです」「こういうお知り合いいませんか？」「こんなことしてもらえないですか？」という具合です。

私自身も、誰かから「自分はこれができます！」のように実績をアピールされるより、「こうなりたいんですけど、どうしたらいいですか」と聞いてくれるほうが答えやすい。何をしたいか、どうなりたいかを教えてくれれば、私にできることならやりますし、アドバイスもしやすいのです。

私は普段から「こんなことがしたい人間です」としか自己紹介していません。

そうすると、みんなが助けてくれるようになるんです。

特に目上の方は「何かしてあげたい」という気持ちが強いので、いろいろしていただいて仲良くなっています。

「ドバイに遊びに行ってもいいですか?」「ドバイに移住したいので案内してください」「お金ないんで1000万円貸してください」

そうお願いして、助けていただいたことも(このお願いはなんと一人の方が全て叶えてくれました。さまざまなお願いをしたことで、この方と親しくなれました)。

ぜひ参考にしてみてください。

❸部下や同僚がしんどい

ある人が部下から「あなたに指示を出されるのが嫌です。言われるくらいだったら辞めます」と言われて困ったことがあったそうです。

私だったら「指示を出すのが私の仕事だから、これが嫌だったら辞めてもらうしかない。それか、部署替えを上司に相談してみようか?」と伝えます。

もう1つ、「仕事ができると勘違いしているけど、実際はミスばかりでクレーム連発の人には仕事をさせないほうがいい?」というお悩みも寄せられました。

そういう人には、どんな間違いが起こってもリカバリーできるファイリングなどの単純作業で、時間を埋めてもらいましょう。

そういえば私のOL時代、事務仕事が向いてなさすぎて、テプラ貼りの仕事していましたね……（遠い目）。

私はほかに向いている職種を見つけて今があるので、その方にも**才能が目覚める職種があるのかも**しれませんね。

❹チーム作りは何から始めればいい？

「いま私こんなことしたい！」「誰か一緒にやってほしい！」「これやってくれる人誰か～！」と言うことから始めましょう。

もし人が集まらなかった場合は、内容に魅力がないか、発表の仕方に面白みがないか、説明の仕方が不十分という原因もあるので、それぞれを確認し、改善して、やり続けてみましょう。

あるいはあなた自身の魅力が伝わっていないからかもしれません。

「私に魅力なんてないよ……」と思った方、前にも書きましたが、**この世に魅力がな**

い人間なんていません。伝えきれていないだけ。この本をおさらいして、全部伝えたら魅力的になるので、もっとちゃんと自分の魅力を伝えましょう。

❺夢を叶えるのも人間関係がカギ？

もちろんそうです。大きな夢が叶うかどうかは、どれだけ多くの人に応援されたかで決まります。

「こんなことを叶えたいんです」「こんなことがしたいんです」「こんな社会にしていきたいんです」「こんな世界を作りたい」「こんな自分になりたい」「ああしたい、こうしたい」ということを、詳しく細かく何度も何度も言えば言うほど、応援してくれる人は必ず増えていきます。

夢を叶えたいのであれば自分の周りの人に伝え、もっと大きく叶えたいのであればSNSなどを使って伝えていきましょう。

どんな夢でもたくさんの人に応援されたら、必ず叶います。

現実は、集合意識で作られると言われています。

私たちが描くこの先の未来像で、未来は決まるということです。

だから私は、今やりたいことをライブ配信でシェアするようになりました。

みなさんの夢、例えば「田んぼを買いたい！」「アイドルになりたい！」「政治家になりたい！」ということも、多くの人が共感して応援してくれたら、そうなっていくのです。

たくさんの人に自分がやりたいことを伝えていると、みんなのなかでそれが事実であるかのようになり、いつの間にか動くことが決まったりして、徐々に現実になっていく。

一人でできることなんて本当に小さなことですから、大きな夢を叶えるには人間関係を広げて、キーパーソンに出会ったり、支援者を多くしていくことが大事なのです。

おわりに――あなたの願いもコミュ力で叶う

夢が叶う――これがコミュ力を身につけて私が感じた最大のメリットです。

なぜそれで夢が叶うの？と思うかもしれませんが、コミュ力が上がると、自分の好きな人と楽しい時間を過ごせることや、人間関係の悩みがほどんどなくなる以外に、こんなとてつもないメリットがあるのです。

それは、前ページで書いたようにいろいろな人の応援やキーパーソンの協力が得られること。

例えばスティーブ・ジョブズはたった一人でｉｐｈｏｎｅを作れたでしょうか？

そもそもジョブズはエンジニアのスキルが足りなかったので、一人ではアップルを創業できなかったでしょう。彼の夢実現には、スティーブ・ウォズニアックという天才エンジニアがいたのです。

大谷翔平の場合は、花巻東高校野球部の佐々木洋監督が最初のキーパーソン。監督がメジャーリーガー菊池雄星を育てた経験を持っていたため、大谷は高校時代から将来を見据えた指導を受けることができました。

また、すぐメジャーリーガーになろうとした際は、日本ハムの栗山英樹監督が「実績もなくアメリカに行っても過酷な環境が待っている。日本で成功してから渡米しよう」と説得。その結果が、今の成功に繋がっています。

このように、大成した人たちを調べるとわかるのですが、夢を叶えるためには本当にたくさんの人の協力や支援が必要なのです。

一人でできることは些細なことだけ。でも**コミュ力を高めると、応援してくれて一緒に行動してくれる人が現れて、夢が叶う**のです。

大きな夢だけでなく、小さな夢も結局一人では叶いません。

例えば、ハワイのハレクラニホテルに泊まりたいと思っても、そのお金はどうやって手に入れますか？　長期休暇はどうやって確保しますか？

また、「転職して自分に合った仕事がしたい」となったときは、転職エージェントの担当者にしっかり要望を伝えて、自分の望む会社を紹介してもらわないといけませんよね。さらに会社の面接では、採用してもらうためにコミュ力が必須。そこが一番大事なのではないでしょうか。

ここで言うコミュ力とは、人当たりがいいとかではなく、ちゃんと「自分はハワイのハレクラニホテルに泊まりたい！」「転職した場合、接客業だけどちゃんと休みの取れる仕事がしたい！」という気持ちを素直に伝えること。

自分の夢を語っていると、「私もハワイに興味あるんだよね」とか「あなたにおすすめの会社があるよ」と教えてくれたり応援してくれたりする人が集まってきます。

私が起業したときもそうです。「**ワーママでも、仕事も子育てもパートナーシップも全部楽しくうまくいく方法を知りたい**」と発信していったから、今の仕事に繋がりました。

そして現在も「**女性を幸せにしたい。女性を、お金や仕事の難しさや、母として妻としてという呪いから解放したい**」と発信し、それに賛同してくれる人たちが集まり、ビジネスが広がっています。

私自身に特別なスキルがあったわけではありません。

「あさぎさんすごく忙しいですよね」とよく言われるのですが、人に助けてもらいまくっているので、いま私がやるべきことは週1〜2回ライブ配信をするくらい。空いた時間で私は友達とご飯に行き、毎週のように海外旅行へ行くなど、本当にラクで楽しい日々を過ごせるようになりました。

こんな私でも、昔は人に素直にお願いできずにいたため、年商1億円になるまで自分も含めたった2人で会社を運営していました。2人しかいないものだから、繁忙期は毎日徹夜。苦手な業務も頑張ってこなし、休みたいときに休めず、メンタル的に病んだことも……。

振り返ると、あんなにギリギリまで頑張らず、もっと自分がどうしたいのかを人に伝えてお願いすればよかったと思います。

その経験を踏まえても、みなさんにやってほしいことはたった1つ。

「自分の気持ちを素直に伝える」

これだけなんです。

素直な気持ちを、ぜひ友人に伝えたり、SNSに書いたりしてみてください。

それこそが、コミュ力であなたの希望や夢が叶う第一歩になるのです。

小田桐あさぎ

著者紹介

小田桐あさぎ（おだぎりあさぎ）

株式会社アドラブル代表

1983 年札幌生まれ。厳しい母の元で幼少期から一見いい子に育ち、高校は進学校へ入学。在学中に爆発し、社会人生活をスタートさせる。20 代は転職を繰り返すも手取り 20 万円以下、30 代で年収 500 万円台となる。第一子妊娠中に始めたブログが評判となりコンサル依頼が増え、起業。その後、仕事・恋愛・結婚・育児などに悩む女性向けの講座を開始。9年間で 4,400 名以上が自分らしい生き方を開花させ、副業や起業でお金の自由を得る受講生も輩出。2021 年から家族でドバイへ移住し、現在の年商は 14 億円。9歳と4歳の子どもにイライラすることも、夫との喧嘩もナシ。著書に『「私、ちゃんとしなきゃ」から卒業する本』『嫌なこと全部やめたらすごかった』（WAVE 出版）『女子とお金のリアル』（すばる舎）がある。

https://adorable-inc.com

執筆協力（順不同・敬称略）

田中リオ、橘英華、岡部文恵、小林新、宗鮮珠

▼公式 LINE アカウント

女子のコミュ力

2024年11月14日　第1刷発行

著　者　小田桐あさぎ

発行者　徳留慶太郎

発行所　株式会社すばる舎
〒170-0013
東京都豊島区東池袋3-9-7 東池袋織本ビル
TEL　03-3981-8651（代表）
　　　03-3981-0767（営業部）
FAX　03-3981-8638
http://www.subarusya.jp/

印　刷　ベクトル印刷株式会社

落丁・乱丁本はお取り替えいたします

ISBN978-4-7991-1273-1